JN409337

마흔 번째 카드

마흔 번째 카드

신수옥 수필집

수필과비평사

또 한 번의 춤

마음 깊은 데 뒤척이는 동굴 하나 찾아가네
어두운 그곳을 더듬어 들어가다 숨죽여 울고 있는 어린 짐승을 만나네

순한 유전자 조용히 길들여진 동굴 속엔 시간의 부스러기들만 뿌옇게 쌓여 있네
망각 속으로 몸을 숨긴 어린놈을 끌어내 품에 안아보네
짐승 같은 울음이 아우우 우우
목구멍을 빠져 나오네

지표를 빠져나오지 못한 용암의 꿈틀거림
안으로만 포효하던 야생 암호랑이였네, 나는

흰 송곳니 드러내고 숨을 고르네
싱싱한 목젖 너머 아직도 붉게 뛰고 있는 심장
저것이 한때 내 심장이던 날 있었네

먼 곳 어디선가 들려오는 OST

어린 짐승이 울음을 멈추네
시간의 파편들이 뼈마디를 이어가네
잠들었던 꽃봉오리들이 활짝 깨어나네
미라들이 깊은 숨을 몰아쉬네
심장이 다시 쿵쿵 뛰기 시작하네

치맛자락 붙들고 나온 짐승을 끌어안고
원고지 위에서 춤을 추네
머리칼이 젖고 발바닥이 부르트네

황혼의 하늘에도 뇌성이 일고
번개 스친 하늘길로 지나간 시간이 달려오네
내 것이 아니었던 시간들이 찬란한 빛으로 펼쳐지네

두 번째는 문학적으로 좀 더 깊이 있는 글을 엮고 싶었습니다.

적어도 내 글을 세상으로 보내기 위해 희생당하는 나무들에게 부끄럽지는 않아야겠다고 생각했었습니다. 그러나… 아직도 많이 부끄럽고 미안합니다.

물고기 몇 마리 안겨주기보다 물고기 잡는 법을 가르쳐주시느라 애쓰시는 우리 솔샘문학회 최원현 선생님 감사합니다. 선생님으로 인해 세상이 얼마나 넓은지 배워가고 있는 날들이 즐겁습니다. 같은 길을 서로 손잡아주고 북돋아주며 걸어가고 있는 솔샘의 문우님들 언제나 고맙고 사랑합니다.

보다 나은 글이 되도록 열과 성을 다해 도와준 나의 남편 고맙습니다. 세상살이에 미숙한 아내가 당당한 사람으로 살아갈 수 있도록 긴 세월 이끌어주며 묵묵히 곁을 지켜주는 당신을 사랑하고 존경합니다. 우리 부부가 이 땅에 사는 동안 하나님께서 내려주신 가장 값진 보물들인 딸과 사위, 아들과 며느리. 내 글의 원천이 되어주고 아낌없는 응원의 박수를 보내주는 그대들이 있음에 든든하고 행복합니다. 그리고 내 가슴속 사랑의 호수가 매일 출렁거리게 해줌으로써 글의 온도를 높여주는 네 명의 손자손녀들 사랑하고 또 사랑합니다. 이 이상은 표현할 수 있는 능력이 없어 안타깝습니다.

2017년 여름, 목동에서

신수옥

차례

2부 마흔 번째 카드

3부 도라지 꽃밭의 소녀

4부 슬픈 꽃향기

5부 그놈의 애호박

1부

위기의 여자

헤세와의 조우遭遇
양철지붕 소나타
아까시 향기는 바람에 흩날리고
나는 누구인가
'나'라는 말
계 탔어요
나도 위기의 여자였다
일 중독
포크댄스를 추던 아이들
친구야, 우리 어디서 만날까

헤세와의 조우遭遇

내 10대의 마지막과 20대의 초반을 설레게 했던 헤르만 헤세, 까마득히 먼 곳에 두고 그리워만 하던 그를 전쟁기념관 전시실에서 다시 만났다. 세월은 어쩌면 그리도 빠르게 지나갔을까. 되돌아갈 수 없는 젊디젊었던 시간 속에서 만났던 그를 떠올리려니 흘러간 세월이 너무 길게 굽이쳐 아득히 느낌만 되살아날 뿐이다.

헤세의 작품이라면 가리지 않고 읽었던 기억. 그것은 알을 깨고 나오려던 시간의 줄탁啐啄이 아니었을까. 그가 톡톡 건드려 줄 때면 나는 나를 둘러싼 세계를 뚫고 나오려 얼마나 애를 썼던가. 사회적인 제약과 나약하게 키워졌던 여자로서의 삶을 거부할 날갯짓을 배우지 못한 것에 혼자 가슴 치며 눈물을 삼키던 날들, 헤세는 나의 피난처였다.

다시 만난 헤세는 문학가가 아닌 미술가였다. 젊은 시절엔 맹목적인 짝사랑으로 그의 다른 면은 전혀 볼 생각도 하지 않았던 나를 탓하고 싶지는 않다. 문학이건 그림이건, 소설이건 시건, 그건 모두 예술 안에서 서로 엮여 있는 것들이니까.

디지털의 힘을 빌려 영상으로 되살아난 그의 그림들은 따뜻하고 평안하고 평화롭다. 저 아름다운 자연 속에 하나님은 헤세를 살게 하셨고 헤세는 하나님의 뜻에 열렬히 화답했다.

시간은 40년을 거슬러 오르는데 겨우 찰나만을 필요로 한다. 그의 그림 앞에, 그의 책들 앞에, 그의 사진들 앞에 서자 나는 곧 스무 살, 하얀 도화지로 되돌아간다. 다시 그리고 다시 색칠하고 다시 내가 원하는 그림을 그리고 싶다.

내가 살아온 시간들이 후회스러워서가 아니다. 내 나름대로 성실히 살아왔으나 야생의 벌판이 아닌 잘 정돈된 사육장에서 지내온 세월이 과연 내가 원하는 것이었을까 생각해 본다. 만약, 야생마 그대로의 모습으로 저 벌판을 달리며 살아올 수 있었다면 지금 나는 어떤 모습이 되어 있었을까. 평화롭고 결 고운 매일은 아니더라도 자유와 거친 숨결에 살아있다는 싱싱한 느낌이 가슴 벅차게 하는 날들 아니었을까.

이제 와서 책들의 제목을 하나씩 볼 때면 아! 하는 탄성이 나오는 것은 그 순간마다 내 젊음이 함께했던 시간들이 급히 돌아와 내 곁에 서기 때문이리라.

지금 내 나이의 눈빛으로 사색에 잠긴 헤세에게 나는 손을 내밀었고 그는 옛날과 다름없이 부드럽게 내 손을 잡아주었다. 내가 한 인간으로 눈뜨면서 영혼의 첫 열매를 맺어갈 무렵 빛나고 아름다운 사유를 할 수 있도록 이끌어주었던 그의 손이 아직 따뜻하다. 이제 열매를 거둘 시간이 아닌가. 황혼보다도 더 붉고 아름다운 내 삶의 열매를 그의 도움을 받아 더욱 풍성하고 깊은 사유로 덧입히고 싶다.

누군가에게 편안함을 주는 에바 부인의 모습이 내 안에 있는지는 모르겠다. 삶이 무엇인가 알고 싶어 싯다르타 주변을 맴돌았으나 얼마나 깨우쳤는지도 모르겠다. 철저한 나르치스도, 철저한 골드문트도 되지 못한 채 젊음 특유의 혼돈 속을 헤맸던 적도 많았다. 일일이 기억나지는 않으나 그의 시를 읽으며 혼자만의 세계에 빠져들어 설레며 가슴 아파하며 흐르는 눈물로 남몰래 소매를 적시던 시간들이 아직도 내 안에 곱게 쌓여 있다.

헤세! 길고 긴 인생길에서 한번도 잊은 적 없던 그를 다시 만났던 날은 시월이 막 문을 여는, 슬프도록 아름답고 청명한 하늘이 푸른빛의 절정을 보여주던 날이었다. 하늘을 향한 심호흡. 앞으로 남은 길을 다시 스무 살의 마음으로 걸으라는 속삭임과 함께 그가 오래도록 손을 흔들어주었다.

(2016년 한국수필작가회 동인지 ≪헤세와의 조우≫)

양철지붕 소나타

서울 최고 섭씨 36.5도. 사람의 체온이다. 온다던 비는 태풍에 밀려나버리고 찜통더위가 여간 기승을 부리는 것이 아니다. 한줄기 소나기를 기다리던 마음에 짜증이 더해진다. 창문을 열고 자려니 다른 집 에어컨 실외기 소리가 시끄러워 잠을 이룰 수 없다. 이리 뒤척 저리 뒤척, 한참을 애쓰다가 기온이 내려간 덕분에 창문을 닫고서야 겨우 잠이 들었나 보다.

부옇게 동이 터오는 것 같긴 한데 다른 날보다 좀 어둡다. 아마도 날이 흐린 것이려니 생각하며 창문을 열었다. 비로소 들려오는 빗소리. 밤새 비가 내렸는지 베란다 바깥쪽 창문에 온통 물방울투성이에 흘러내리는 물줄기도 보였다. 이렇게 많은 비가 시원하게 쏟아지고 있었는데도 아파트 10층에서 이중창문을 닫으면 소리는 절벽, 아무것도 들리지 않는다.

자연을 떠나 살며 나는 한평생 자연으로 돌아가고 싶었다. 결혼해서 40년 넘는 세월 내내 아파트를 떠나지 못하고 있다. 땅에 떨어지는 빗소리도 창문을 열어야 겨우 들을 수 있고 겨울에 눈이 오는 것은 창밖으로 머리를 내밀어 어딘가를 내려다보아야 겨우 알 수 있는 이 답답한 아파트.

내가 막 사춘기로 접어들 무렵 아버지의 사업실패로 산비탈 양철 지붕 집에 살던 적이 있다. 부모님의 고생이야 말로 표현할 수 없었겠지만 나는 철이 아직 덜 들어서였을까 공간이 좀 부족한 것을 빼곤 그 산동네가 참 좋았다. 넝쿨콩과 풍선초와 나팔꽃이 기어 오른 철망 난간 앞에 서면 온 동네가 발아래 고개를 숙이고 있었고 집 뒷문을 열면 개나리가 넌출넌출 실어다 부려놓은 노란 봄이 가랑비에 몸을 씻고 있었다. 뒷산은 바로 관악산 줄기였고 그곳이 내 놀이터요 사색을 즐기는 나만의 아지트였다.

쪽창을 밀고 내다보던 하늘은 사시사철 하루도 같은 표정인 날이 없었다. 한창 만개한 개나리를 적시며 봄비가 내리는 날, 등을 지질 만큼 뜨끈한 방바닥을 딛고 서서 창밖으로 손을 뻗으면 후드득 떨어지는 비가 손바닥을 두드리는 느낌이 좋았다. 방밖으론 어느새 흐르는 물을 따라 떠내려가는 개나리 꽃잎으로 노란 실개천이 생겼다. 한여름 소낙비가 쏟아질 때면 양철지붕에 떨어지는 빗소리가 신나고 경쾌한 자장가였고 세찬 눈보라가 몰아치는 날은 문풍지를 때리는 눈이 창호지 살에 쌓이는 소리에 가슴을 설레며 꿈속으로 빠져들었다

잠시 멈췄던 소나기가 다시 쏟아진다. 베란다 창밖을 바라보는 내 귀로 굵은 빗방울이 양철지붕에 떨어질 때의 소리가 들려온다. 아직도 내 뇌리에 경쾌한 음악으로 남아있는 그 소리. 후두두둑 비가 내리기 시작하면 처음엔 조금 둔탁한 소리가 나면서 지붕에 쌓였던 먼지가 풀풀 날리기 시작한다. 잠시 후면 맑은 낙숫물이 마루 앞에 빗물 커튼을 치면서 떨어진다.

어른이 된 후 어느 날 라디오에서 흘러나오는 연주를 무심코 듣고 있는데 그 소리가 무척 귀에 익숙한 느낌이 들었다. 알고 보니 라흐마니노프의 피아노 협주곡 2번이었다. 그 작곡가도 양철 지붕 집에 산 적이 있었던 것이나 아닐까 싶게 그 곡은 내 어린 날 듣던 빗소리와 많이 닮아있었다. 슬픔을 살짝 감추고 경쾌함을 가장한 음률에 수십 년의 세월이 걷히고 그 허름하던 양철지붕 아래 쪽마루에 걸터앉은 열네 살 내 모습이 떠올랐다.

그날도 소낙비가 쏟아지던 날이었다. 아침부터 배가 아팠다. 어릴 때부터 배앓이를 자주 했지만 이번엔 느낌이 좀 달랐다. 종이에 묻어나는 붉은 액체, 피였다. 난생처음 당하는 일에 화들짝 놀란 마음은 이내 내가 죽을병에 걸렸구나, 하는 생각으로 이어졌다. 너무나 무서웠지만 가족들이 알면 슬퍼할 테니 누구

에게도 알리지 않은 채 혼자 방에 들어가 이불을 뒤집어쓰고 소리 없이 울기 시작했다. 울면서 부모님과 형제들에게 무슨 유언을 해야 할지를 생각했다. 그런데 어느 순간 생물시간에 배운 무언가가 퍼뜩 떠올랐다. 고개를 가로저었다. 온몸에 소름이 돋았다. 죽음보다 더 두려웠다. 어른이 된다는 것, 여자가 된다는 것, 생각조차 하기 싫었다. 온 세상이 먹구름에 가리고 '나'라고 느끼며 살던 어린 나와 헤어져야만 했던 날의 그 끔찍한 어둠. 그 어둠의 무게에 눌려있던 나를 위로해준 것은 그 무엇도 아닌, 양철 지붕에 떨어지던 빗소리였다. 그것은 울다 지친 내게 언제나처럼 자장가 역할을 해주었다.

얼마 후 언덕 아래로 내려오면서 다시는 그 소리를 들을 수 없었다. 가난은 때론 어린 마음에 상처를 주기도 하지만 그때가 아니었으면 느껴볼 수 없었던 귀한 추억도 나름대로 안겨준다. 세상은 한쪽만 보아서는 안 되는 것, 행복했던 시절에도 남모르는 아픔은 있었고 남에게 보여주기 싫을 만큼 힘들었던 시간에도 생각해보면 그것으로 인해 지금 웃을 수 있는 무엇인가가 있었다.

요즘도 양철지붕 집이 남아있으려나. 어느 비오는 날, 그것도 소낙비가 유난히 심하게 퍼붓는 날, 번개가 번쩍이고 천둥이 소란을 떠는 날 뜨끈하게 군불을 땐 방에 누워 옛날에 듣던 양철지붕 소나타를 듣고 싶다. 그런 기회가 올까 아련한 기다림을 간직한 채 쏟아지는 빗소리를 들으러 베란다로 나간다. 어린 날을 생각하며 방충망도 열어젖히고 두 손과 얼굴을 내밀고 비를 맞는다. 아, 시원하다. 내리는 빗줄기를 따라 나는 어느새 열네 살 어린 나를 부추겨 다정히 손을 잡고 그날의 양철지붕 집을 찾아 흘러흘러 간다.

(2016. 8.)

아까시 향기는 바람에 흩날리고

눈부신 5월 햇살이 마음을 들썩이게 만든다. 수필교실의 수업을 끝내고 언제나 그랬듯이 문우들과 함께 점심을 먹었다. 그냥 집으로 돌아가기에는 날씨가 너무 아름답지 않느냐는 이야기를 나누다가 한 문우의 권유로 시간이 허락되는 네 명이 그의 차를 타고 부암동 산꼭대기의 카페로 향했다. 자하문 산기슭으로 들어서자 짙은 아까시 향기가 우리의 마음을 옴짝달싹 못할 만큼 강하게 사로잡았다. 사방이 탁 트인 창가에 둘러앉아 차를 마시며 눈 아래 펼쳐진 경치를 감상했다. 북악산, 인왕산이 보인다. 시원하게 불어오는 바람은 한창 만개한 아까시의 달콤한 향기를 가득 몰고 와 카페 안에 쏟아 부어 주었다. 학생 시절 평창동에 오래 산 적이 있어서 이곳은 내가 등하교시 지나다니며 올려다보던 곳인데 참 오랜만이라 감회가 새로웠다. 추억 속에 아로새겨진 향기는 다시는 돌아갈 수 없는 젊은 시절을 떠올리게 하며 언제나 마음이 슬픔 쪽으로 기울어지게 할 만큼 애잔하다. 결국 햇살이 눈부시던 그날의 짙은 아까시 향기는 순식간에 나를 먼 옛날 연하디연한 새순 같던 학생시절로 되돌려 놓았다.

그날도 오늘처럼 연두색 나뭇잎들이 몸을 불리며 녹색으로 짙어가는 화창한 5월이었다. 직장에 다니는 언니의 새로 맞춘 분홍 원피스를 빌려 입고 학교에 다녀오는 길이었다. 아마 오전 수업만 있던 날이었는지 그리 늦지 않은 오후였던 것으로 기억된다. 학교가 있는 신촌에서 버스를 타고 세종로에서 내려 평창동행 버스로 갈아탔다. 만원버스는 아니었으나 앉을 자리가 없어 한 팔에는 책을 낀 채 다른 한 손으론 손잡이를 잡고 있었다.

버스가 효자동 고개로 들어서자 자하문이 있는 산에서부터 퍼지는 아까시 향기가 버스 안으로 날려 들어왔다. 작은 오빠와 같이 나무를 타고 올라가 벌들을 피하며 새하얀 꽃을 한 움큼씩 따먹던 어린 날이 떠올라 엷은 미소를 머금었다. 언제쯤 자리가 나서 앉을 수 있으려나 생각하며 무심코 주변을 둘러보다 이상한 시선이 느껴져 그쪽을 보았다. 평상복을 입은 것으로 보아 고등학생은 아닐 것 같은 한 청년이 나를 보고 있었다. 느낌으론 한참이나 나를 보고 있었던 것 같은데 눈이 마주치는 순간 당황한 듯 고개를 돌려버리고 만다. 내 옷이 예뻐서 보는 건가 잠시 그런 생각이 스쳤을 뿐 별 생각 없이 있다가 집 앞 정류소에서 내렸다.

"저기요!" 누가 말을 걸어오기에 돌아보았다. 아까 버스 안에서 나를 쳐다보던 그 청년이었다. 웬 실없는 놈이 또 말을 거는구나 생각하며 못 들은 체 걸어갔다. 그런데 잠시만 시간을 내달라며 그 애가 끈덕지게 따라왔다.

청년이 그리 나쁜 사람으로는 보이지 않는데다 실랑이하는 것을 보는 주변 사람들의 시선이 부담스러워 바로 앞의 빵집으로 들어갔다. 나는 별 관심 없다는 듯 뜨악한 얼굴로 무슨 말을 하려는지 기다렸다. 청년은 머뭇거리며 빨리 이야기를 못 꺼내더니,

"저… 누님이라고 불러도 되요?" 수줍은 듯 더듬거리며 입을 열었다. 자신은 대학입시에 떨어져 재수를 하는 중이라고 했다. 오늘 버스에서 나를 보는 순간 가슴이 뛰어서 내려야 할 곳도 지나치고 이렇게 따라왔단다. 지금까지 살아오면서 늘 이런 누나 하나 있으면 참 좋겠다고 머릿속에 간직했던 것과 꼭 같은 여인을 발견하고는 너무 놀라 꿈이 아닌가 싶었다며 '누님처럼…' 으로 시작해 미사여구를 잔뜩 늘어놓았다. 오늘 나를 그냥 보내고 나면 다시는 못 만날 것 같아 용기를 냈노라고 했다. 듣고 있자니 여자로서 기분 좋은 이야기가 아닌가. 우리 오빠들은 내게 키만 큰 데다 비쩍 말랐다고 꺽다리, 키다리, 심지어는 거미라고까지 놀려대는데 이 무슨 황송한 말씀이란 말인가.

그 아이 이야기의 요지는 한마디로 누나가 없는 자신에게 누나가 되어 달라는 거였다. 꼭 자기 부탁을 들어달라며 애처로운 눈빛으로 나의 대답을 기다렸다. 하지만 어디 가당키나 한 말인가. 나는 그 아이가 상처받지 않도록 조심스럽게 이런 저런 말로 에둘러 거절의 뜻을 밝히고 자리에서 일어났다. 그 애는 내 말을 제대로 못 알아들었는지 밝은 표정을 지으며 열심히 공부해서 합격한 후 다시 뵙겠다는 말을 남기고 돌아갔다.

문우들이 이야기 삼매경에 빠진 사이 나 혼자 서쪽 창틀에 손을 짚고 서서 붉게 물드는 저녁노을을 바라보았다. 그 옛날, 오늘처럼 아까시 향기가 흩날리던 그날 하늘은 맑고 창창하게 푸르렀다. 찰랑대는 생머리에 미니 원피스를 입었던 스무 살의 내가 지금은 저 하늘처럼 붉은 황혼의 시간에 와 있구나. 누나가 되어달라고 따라오던 그 아이도 지금쯤 손자를 둔 할아버지가 되었겠지. 잔주름 가득한 나를 보면 그때 그 애는 뭐라고 할까. 잠시 쓸 데 없는 생각이 머리를 스쳐지나갔다. 40년도 넘는 세월이 도대체 다 어디로 간 것일까. 창밖의 무성한 숲과 아까시 향기에 취해 생각에 빠져들었다. 젊었던 날, 그 아름답고 싱싱했던 날로의 여행을 하게 해준 아까시 향기가 다시 한 번 바람에 밀려 내 가슴속으로 들어왔다.

(2015. 5.)

나는 누구인가

여자답다, 얌전하다, 온화하다, 소극적이다. 내 성적표 학생평가란에 단골로 등장하던 단어들이다. “계집애가 어디 함부로….”라는 말씀을 입에 달고 사신 엄마의 영향 때문이었을까, 학교 선생님들의 칭찬 덕분이었을까. 나는 늘 조신한 모습으로 살 수밖에 없었다. 거기에서 벗어난 행동을 하게 되면 그분들이 실망할까봐 나는 내게 덧입혀진 그 단어들을 벗어던지지 못하고 거기에 내 자신을 끼워 맞추며 살았다.

학교를 졸업하고 결혼한 후에도 나의 그런 면들을 남편도 어른들도 기특하게 여기시니 또 계속 그렇게 사는 수밖에 없었다. 다른 사람들을 놀라게 할 배짱도 없었고 그때는 나도 내 자신이 그냥 그런 사람인가 보다 하고 살았다.

"고정관념을 깨세요! 자신을 가두고 있는 틀을 깨뜨리고 나오세요. 얼마든지 가능합니다. 사유의 세계를 넓히세요. 온 우주가 당신의 무대입니다. 무엇이 겁나 그 좁은 틀 속에 움츠리고 거기에 맞추며 살아가려 합니까? 과감하게 부수세요."

내가 문학이란 무엇일까 궁금해 하며 찾아간 시창작반의 선생님은 강의 시간마다 그렇게 외쳤다. 나도 그렇게 해보고 싶었다. 그러나 60년 넘도록 나를 가두고 있던 틀은 그대로 내 모습이 되어 어떻게 하는 것이 틀을 깨는 것인지조차 알 수 없었다. 그렇게 살아온 내 삶이 답답하고 벗어나고 싶다는 생각을 한 적은 많았지만 막상 방법을 알려주는 사람은 없었다.

빨간 매니큐어를 하나 샀다. 약지와 새끼손가락 손톱에 발랐다. 잠시 생각하다가 엄지발가락에도 발라보았다. 예쁘다. 기분이 좋다. 전에는 꿈에도 생각해보지 못하던 일을 한 것이다. 손톱과 발톱은 자라기 무섭게 잘라내어 깨끗한 것만이 최고이고 매니큐어를 바른 여자들은 현숙한 가정주부가 아닐 것이라는 선입관을 갖고 있던 내가 이런 행동을 하다니. 아, 나도 내 틀을 부수기 시작했구나 하는 생각으로 가슴이 설렜다. 빨간 색은 밋밋한 내 손과 발을 훨씬 예쁘게 만들어주었다. 조금 더 궁리하던 끝에 이번엔 군데군데 일부러 찢어놓은 청바지도 하나 샀다. "찢어진 청바지는 모조리 가져다 기워주고 싶다던 사람이 지금 아무렇지도 않게 입고 있네. 당신, 머리도 노랗게 빨갛게 물들일 거라더니 왜 아직 안하고 있소?” 남편은 재미있다는 듯 키득키득 웃었다.

대학교 3학년 봄 학기 ‘사회교육’이라는 교양과목을 수강한 적이 있다. 정기적인 수업은 없었고 대신 여름방학 동안 농촌지역으로 봉사활동을 나가 실습하는 것으로써 학점이 주어지는 과목이었다. 여러 과科의 학생들 다섯 명씩 한 조를 이루었고 내가 속한 조는 경기도 이천의 한 마을로 가게 되었다.

중요한 것은 우리 조원들이 모두 처음 만나는 사이라 아무도 내가 얌전한 여자인지 아닌지 모르고 있다는 사실이었다. 나는 나를 수식해주던 그 단어들로부터 자유로울 수 있었다. 첫날 저녁 동네 사람들을 모아놓고 인사를 겸한 여흥시간을 가져야 했다. 조원 가운데 아무도 나서려 들지 않았다. 사람들을 마냥 기다리게 할 수 없어 하는 수 없이 ‘얌전하고 소극적’인 내가 나섰다. 활동 나가기 전에 참고자료로 받은 레크리에이션 책을 숙지하고 있던 터라 나는 자연스럽게 사람들을 모두 둘러앉게 하고 사회자로서 모임을 요령껏 진행해 나갔다. 예상치 않게 사람들은 뒤로 넘어갈 듯 깔깔대며 즐거워했다. 마음껏 그들을 웃겼다. 박장대소하는 사람들에 둘러싸여 나도 속으로는 그렇게 하고 있는 내 자신에게 적지 않게 놀랐다. 이게 뭐지? 이게 누구지? 내가 지금 뭘 하고 있는 거야? 나도 처음 보는, 장난기가 샘솟는 내 자신이 이해되지 않았다. 그랬다. 내 속에는 그동안 한

번도 꺼내 쓸 필요가 없어 조용히 엎드려 있던 끼가 그리도 많이 있었던 것이다. 아무도 얌전한 네가 이래서야 되겠느냐고 비난하지도 않았고 이것이 네 본래의 모습이 아니냐며 조신한 여대생의 가면을 씌우려들지도 않았다.

청소년들의 공부를 도와주는 시간을 제외하곤 밭일을 거들면서도 사람들을 즐겁게 해주었고 오가는 밭두렁논두렁에서도 재미있는 이야기로 그들을 웃게 만들었다. 사람들은 밤늦도록 집으로 돌아갈 생각을 않고 조금만 더 하자고 졸랐고 어린아이들은 내 뒤를 졸졸 따라다녔다. 나는 숨통이 트이는 자유를 만끽했고 마음껏 날개를 치며 날아오르는 느낌이었다. 앞으로는 이렇게 살자 다짐했다. 하지만 일정이 끝나고 내 자리로 돌아오자 나는 나를 아는 모든 사람들이 익숙하게 생각하던 내 틀 속으로 다시 들어가 있는 자신을 발견했다. 그리고 그것이 잘 맞는 내 옷을 입은 양 편안했다.

여러 가지 시대적인 배경과 나를 둘러싼 환경 때문에 내 안에 숨겨진 나를 찾아 마음껏 발휘하고 사는 일에 제약이 많은 시간들을 살아왔다. 문학도 마찬가지였다. 나는 하다못해 교내 백일장에도 나간 일이 없고 문학소녀의 꿈을 가졌던 일조차 없다. 그렇게 60년을 살고 나서 비로소 만나게 된 문학의 세계. 내 안에도 글을 쓸 수 있는 능력이 있음을 알았을 때의 기쁨은 그 옛날 농촌 봉사활동을 나가서 처음으로 내 안의 끼를 발견했을 때보다 더 컸다. 주체할 수 없이 쏟아져 나오는 글을 쓰며 나는 비로소 내 가면을 벗어던질 수 있게 됐다. 내 속의 것을 꾸밈없이 내보이는 작업이 즐겁다. 평생 나를 짓누르던 그 무거운 가면을 벗어버리고 내 본래의 모습을 보이며 살아가는 날들이 행복하다. 앞으로 그 가면을 다시 쓰는 일은 없을 것이다. 내 인생의 황혼이 그래서 젊었던 그 어느 때보다도 밝고 환하게 빛나고 있는 것이리라.

(2014. 9.)

‘나’라는 말

– 심보선 시인의 풍으로

나는 ‘나’라는 말을 좋아합니다.

아무런 의심 없이 받아들일 수 있는 세상의 가장 확실한 단 하나의 말

태초의 혼돈을 벗어날 때 침묵과 함께 태어나 길고 긴 여정을 흘러흘러

여기까지 온 ‘나’이기 때문입니다.

‘나’라는 소리는 ‘나’라고 발음할 때 위아래 입술이 부딪칠 필요도 없고 윗니와 아랫니가 맞물릴 필요도 없습니다. 자연스레 벌어진 입술 사이를 빠져나오려던 소리, 잠시 입천장과 단단한 윗니와의 경계선에 닿은 보드라운 혀가 편안하게 내려앉으며 내어보내는 자유를 누릴 줄 아는 여유로운 발성의 결과입니다.

어느 것과도 비교할 수 없고 무엇도 대신해줄 수 없는 나.

온 우주에 나는 나 하나, 나 한 사람뿐입니다.

많은 사람 가운데 있어도 나는 나의 목소리를 알아듣습니다.

내 내면에서 들려오는 고요가 나의 존재를 드러냅니다.

홀로일 때도 나는 외롭지 않습니다.

고독할 수 있는 시간이 소중하여 심장이 두근대는 소리조차 제어하며 침묵의 세계 속으로 아주 깊이 들어가 잠겨버리고 맙니다.

당신의 '너'라는 말이 흰나비처럼 팔랑대며 날아와 내 귓속으로 흘러들어 달팽이관에 앉아 날개를 접을 때의 느낌을 나는 아주 좋아합니다.

그 말은 내 존재를 확인시켜 주고 내 폐부에 공기보다 가벼운 기체들을 가득 채워주는 듯하여 나는 가벼워지고 말랑해지고 그래서 서서히 날아오릅니다.

그때 날개가 돋아납니다.

날개를 한껏 펼치고 날아올라 무無의 세계에 '나'를 맡기고 바람결을 따라 어디든 갈 수 있습니다.

때로는 내 앞의 '너'를 보며 '나'와 '너'가 합쳐지는 순간을 경험합니다.

찰나의 희열이 몸 전체로 퍼져 나갑니다.

그것은 창조의 순간까지 거슬러 올라가며 얼마나 많은 너와 내가 만나고 헤어지다 여기까지 온 것일까 하는 생각을 하게 합니다.

내 앞에 '너'가 필연이듯 '너' 앞에 나 또한 필연이기에,

어쩌면 당신이 '나'이고 내가 당신이 아닐까 하는 순간의 혼돈을 느끼기도 합니다.

그것은 아무도 이해할 수 없는, 내 영혼만이 느낄 수 있는 나의 영원한 수수께끼입니다.

하지만 그 혼돈은 오래가지 않습니다. 깊은 호수 수면을 스치는 바람결처럼 속히 사라져버립니다.

'나'와 '너'가 때때로 서로의 얼굴을 바꿀 때 느끼는 짜릿함으로 세상을 살아가는 에너지가 충전됩니다. 그래서 당신의 입술을 통해 나오는 '너는, 너 있잖아, 너 때문에….'라는 소리의 늪에 편안히 가라앉고 싶은 '나'입니다.

(2016. 2.)

계 탔어요

나는 평생 계모임을 해본 적이 없다. 그저 정기적으로 모이던 친구들끼리 남은 돈을 나눠가진 일이 서너 번 있을 뿐이다. 하지만 나도 몇 번인가 크게 또는 작게 계 타는 즐거움은 누린 적이 있다.

베란다에서 화초를 키우다 보면 그 사랑스러움이 꽃마다 서로 다르다. 하와이 무궁화처럼 눈길을 끄는 화려한 꽃이 있는가 하면 국화같이 조용한 모습에 향기가 은은해서 귀하게 느껴지는 꽃도 있다. 베란다가 온실 기능을 하니 제 철도 모르고 시도 때도 없이 피어나 마음을 환히 밝혀주는 영산홍이나 제라늄이 있는가 하면 뒤쪽 어딘가 기척도 없이 있다가 슬며시 꽃을 피워내 깜짝 놀라게 하는 것들도 있다. 지난봄 꽃이 진 다음 후미진

곳 빈 화분에 던져놓았던 히아신스 뿌리가 잎을 내고 꽃대를 올리고 있다. 그런가 하면 지난여름 기록적인 혹서를 견디지 못하고 잎이 전부 시들었던 시클라멘은 오늘 보니 한쪽 구석에서 숱하게 잎을 내고 꽃대도 수북이 올리고 있는 것이 아닌가. 이럴 때 나는 생각지도 않은 곗돈을 탄 듯 마음이 뿌듯하다. 마치 낡아서 버리려고 구석에 던져두었던 남편 바지주머니에서 만 원짜리 몇 장 찾아낸 듯 횡재한 기분이다. 반갑고 기쁜 마음이야 말할 것도 없지만 한편 화초에게 무심했던 것이 미안하고 그런 상황에서도 자신이 해야 할 일을 묵묵히 해내고 있는 화초들이 대견하기만 하다.

남편은 퇴직 후 서너 해는 강의도 나가고 모임에도 나가더니 몇 년 전부터는 잠깐씩의 외출 외엔 거의 집에서 시간을 보낸다. 일 년에 한두 번 동창회에 참석하는 것이 고작이다. 그것도 하루 종일이 아니라 잠깐 만나 식사 한 끼 나누고는 헤어져 부리나케 집으로 온다. 예쁜 마누라도 아닌데, 혼자 둬도 아무도 훔쳐가지 않을 텐데 뭐가 걱정돼 그리 서둘러 돌아오느냐고 하면, 어쨌건 내 집이 제일 편하다며 더 이상 말도 꺼내지 못하게 한다. 내 남편은 오식이 서방님이다. 식사 세 번에 간식 두 번, 하지만 그 가운데 나는 점심과 저녁 두 번만 책임지면 되니 그이가 집에 있다고 해서 나를 귀찮게 하는 것도 아니다. 오히려 집안일을 많이 도와주니 고마운 마음이 더 크다. 다만 나는 외로울 틈이 없다는 것이 문제다. 때론 고독을 벗 삼아 빈집에서 뒹굴뒹굴 게으름도 부려보고 싶다. 그러면서 인생의 황혼에 대해 생각할 시간도 가져보고 싶고. 가끔은 식탁이 어질러진 채 냉장고를 뒤져 먹다 남은 반찬 두세 가지 꺼내놓고 까짓 거 한 끼쯤 대충 때우는 허술함도 누려보고 싶다. 한마디로 나도 때론 외롭게, 쓸쓸히, 혼자만의 시간을 즐기고 싶단 말이다. 그러다가 정말로 어쩌다 남편이 무슨 학술모임인가에 초대받아 하루 종일 참석해야 한다며 집을 나서는 때가 있다. 이게 웬 떡인가 싶다. 가뭄에 콩 나듯 주어지는 혼자만의 시간, 이런 때도 나는 계 탄 날의 기쁨을 누린다. 그런데 얼마 전, 이런 것과는 비교도 할 수 없을 만큼 엄청난 계를 탔다.

지난여름 아들과 며느리가 함께 근무하는 학교에서 두 사람 모두 안식년 휴가를 받았다. 하지만 학교 사정이 여의치 못해 하는 수 없이 며느리가 먼저 애들을 데리고 미국으로 갔다. 아들은 한 학기 후에 가는 것으로 결정을 했단다. 갑자기 처자식과 떨어져 홀로 지내게 된 아들은 당연히 허전해 했다. 아이들이 재잘대며 매달리는 따뜻한 집이 아닌 온기도 없고 어두컴컴한 빈집에 홀로 들어서는 것이 낯설고 외로웠으리라. 쓸쓸한 마음도 달래고 모처럼 이런 기회에 부모에게 효도도 해야겠다고 생각했는지 아들은 거의 매일 우리에게 전화로 안부를 물었고 주말이면 와서 하룻밤 지내며 부모 자식 간의 오붓한 정을 나눴다.

아들이 오는 날이면 난 그 애가 좋아하는 음식을 부지런히 만들었다. 넘어져 팔을 다쳤을 때도 남편한텐 갖은 엄살을 다 떨며 집안일을 떠넘겼지만 주말이면 팔에 압박붕대를 두르고 파스를 붙이고서라도 그 애의 입맛에 맞는 것을 하나라도 더 만들곤 했다. 그 애 곁에 누워 밤이 이슥하도록 이야기를 나눴다. 이것이 얼마 만인가. 스물세 살 되던 해에 타국으로 보낸 후 15년 만에 독차지해보는 아들이다. 정말 엄청난 액수의 곗돈을, 그것도 아직 내 차례도 되지 않았는데 얼떨결에 손에 쥔 기분이었다. 무슨 할 이야기가 그리도 많았을까 시간 가는 것이 아깝기만 했다. 나는 이야기를 나누는 동안에도 녀석의 든든한 팔도 주물러보고 어릴 때처럼 러닝 속으로 손을 넣어 등도 긁어 주었다. 애틋했던 석 달이 지나고 겨울방학이 시작되자 아들은 서둘러 아내와 아이들이 기다리고 있는 미국으로 떠났다.

아들은 결혼시키고 나면 더 이상 내 자식이 아니라고 하질 않던가. 며느리의 남편인 그 애가 잠시나마 다시 내 아들로 돌아와 함께 나눈 시간들은 예기치도 못했던 깜짝 선물이었다. 잠시 동안의 헤어짐이라 여기며 품에서 떼어 타국으로 보내고는 돌아와 내 품에 안기기도 전에 며느리에게 내주었던 하나뿐인 아들이다. 그 아이를 온전히 이 어미 품에 다시 품을 수 있었던 지난 석 달 간의 풍요롭던 마음을 이제 추억의 창고 그 맨 앞에 넣어놓는다.

앞으로도 남은 내 삶 어딘가엔 예상치도 못했던 기쁨들이 많이 숨어 있으리라. 자녀들과 손자 손녀들이 좋은 소식을 들려줄 때마다 나는 '오늘 또 계 탔네.' 하며 기뻐할 것이다. 그뿐이랴. 베란다 가득 꽃이 피어날 때마다, 또 남편이 잘 차려입고 외출할 일이 생길 때마다 난 신이 날 것이다. 생각해보면 사실 이 나이에는 주어지는 하루하루가 보너스 아닐까. 젊어서 힘든 줄도 모르고 매 순간 지불했던 수고로움에 대한 보상을 이 나이가 되어 이자까지 덧붙여 되돌려 받을 수 있음은 축복 중에 축복이리라. 오늘도 행복한 곗날, 내 마음 가득한 곗돈을 누구와 나눌까 생각해본다.

(2016. 12.)

나도 위기의 여자였다

— 시몬 드 보부아르의 ≪위기의 여자≫를 읽고서

실험실의 약품 냄새가 좋았다. 때로는 실험이 끝나지 않아 밤을 새우는 일이 있어도 힘들지 않았다. 아니, 힘들더라도 즐거웠다. 형광등 불빛 아래서 실험복을 입은 채 밤을 밝히는 일도 당시 내게는 낭만이었다.

스물네 살. 나는 군데군데 약품으로 얼룩진 실험복을 벗고 대신 눈부시게 흰 드레스를 입었다. 성스러운 교회당에서 사랑하는 사람 곁에 섬으로써 오월의 신부가 되었다. 그것이 여류 화학자가 되고 싶던 내 푸른 꿈과의 이별을 뜻하리라고는 미처 생각지도 못한 채였다.

화학을 배우기 시작한 고 2. 첫 번째 시험을 치른 다음 시간 선생님은 모든 학생들이 지켜보는 가운데 하늘대는 아스파라거스를 곁들인 빨간 카네이션을 내게 주며 말씀하셨다.

"너는 분명히 훌륭한 과학자가 될 거다. 열심히 노력하기 바란다."

열일곱 살 소녀는 그날 작은 가슴에 꿈의 씨앗을 심었다. 그 꿈이 싹을 틔우고 잘 자라 화학을 공부하게 되었고 같은 분야를 공부하는 남편을 만났으니 그 꿈은 한없이 큰 나무로 자라갈 줄 알았다. 하지만….

남편과 함께 공부하고 연구하고 싶던 내 꿈은 지속되지 못했다. 결혼으로 인해 내게 주어진 그 많은 역할을 감당하느라 나를 주장할 수 없는 시간이 속수무책으로 흘러갔다. 남편은 나의 내조를 받으며 자신의 분야에서 쉼 없이 앞으로 나아갔고 자녀들은 내 사랑을 먹으며 잘 커갔다. 나는 행복한 여인이었다. 적어도 남들이 보기에는 말이다. 그러나 허전했다. 한 여자로서, 아내로서, 엄마로서 행복하지 않은 것은 아니었다. 하지만 채워지지 않는 그 무엇인가가 나를 괴롭혔다. 그것이 무엇일까? 당시에는 여자도 꿈을 위해 일하고 성취하고 싶은 욕구가 있다는 것을 사회적으로도 심각하게 여기지 않았을 뿐 아니라 가족도, 남편도, 심지어 나 자신도 깨닫지 못하고 있었다.

불면증과 우울증의 원인도 모른 채 사는 것이 아무 의미가 없다고 느끼며 병원을 드나드는 시간이 길어졌다. 그때 내 손에 우연히 한 권의 책이 들어왔다. 시몬 드 보부아르의 ≪위기의 여자≫였다. 위기? '위기'라는 말이 내 눈을 사로잡았다.

남편과 자식만을 위해 열심히 살아온 모니크라는 여 주인공이 일기 형식으로 써나간 이야기였다. 남편의 사랑을 받고 귀여운 두 딸을 키우며 아름다운 가정을 가꿔나가는 것, 그것이 여자의 행복이라고 생각하던 그녀였다. 그러나 그의 내조 덕분에 훌륭하게 사회생활을 해나가는 남편에게 한두 해도 아닌, 8년 전부터 자신보다 훨씬 지적인 다른 여자가 있었음을 알게 된다. 모니크는 충격에 빠지고 삶의 의미와 자신의 정체성에 의문을 갖게 되면서 위기를 맞는다.

나는 마치 내가 당한 일인 것처럼 한참을 울었다. 물론 남편이 다른 여자를 사귈 것이라는 생각을 한 것은 아니었다. 나를 울게 한 것은 나와 남편과의 지적知的 수준이 나날이 벌어져 가고 있을 뿐 아니라 대화의 범위가 점점 줄어들고 있다는 현실이었다. 어느 책에선가 읽고 공감했던 말이 있다. "세상에서 가장 불쌍한 여자란 남편의 대화 상대가 되어주지 못하는 여자다." 내가 바로 그 불쌍한 아내가 되어 있었고 위기의 여자는 다름 아닌 나였다.

결국 이 책을 읽고 정신없이 살아온 삶을 돌아보게 되었고 내 의지와는 상관없이 내팽개쳐 둘 수밖에 없었던 꿈을 위해 다시 일어서게 되었다. 능력이 허락하는 데까지 가보고 안 되면 그때 포기하자. 꿈을 이루지도 못하고 포기도 못하고 어정쩡한 채 이

대로 살 수는 없다는 생각이 들었다. 그렇게 해서 나는 서른일곱이라는 나이에 다시 시험을 치르고 학생으로 돌아갔다.

실험실에 들어설 때 코끝으로 느껴지는 화학약품 냄새는 그 어느 꽃향기보다 나를 기쁘게 해주었다. 오랜 방황 끝에 고향에 돌아온 마음으로 나는 다시 흰 가운을 입었다. 젊은 애들 틈에서 공부하던 그 시간들, 몸은 힘들었으나 마음은 기쁨으로 가득 찼다. 남편과의 대화도 다시 원활해지기 시작한 것은 물론이다. 행복할 수 있는 많은 조건들을 가졌으면서도 행복해하지 않던 아내를 남편은 그제서야 이해하기 시작했다.

심리학자 아들러는 말한다.

> 인생에 있어 의미 같은 건 없다. 하지만 내가 그 인생에 의미를 줄 수 있다. 내 인생에 의미를 줄 수 있는 사람은 다른 누구도 아닌 나밖에 없다.
>
> 세계란 다른 누군가가 바꿔주는 것이 아니라, 오로지 '나'의 힘으로만 바뀔 수 있다.

내 인생의 의미를 찾게 해준 ≪위기의 여자≫를 만남으로써 나는 내 삶의 '위기'를 벗어날 수 있었다.

(한국수필 2015년 10월)

일 중독

"오늘 할 일을 내일로 미루지 말라."

어려서부터 집에서나 학교에서나 귀에 못이 박이도록 들었던 이야기다. 들었을 뿐만 아니라 나도 아이들을 키우면서 수도 없이 많이 했던 말이기도 하다. 특히 늘 데드라인(마감시간)에 맞춰 일을 아슬아슬하게 끝내는 버릇이 있는 아들에게 참으로 많이 썼던 말이다.

나는 불면증이 있었다. 젊어서는 우울증의 한 형태로 나타나는 것이라고 했다. 한창 빛나고 아름다워야 할 30대 초반에 나는 이 못된 증세와 전쟁을 치러야만 했다. 몇 년에 걸친 지루한 싸움에서 내가 진 때가 없었던 것은 아니나 결과적으로 전쟁은 완전한 나의 승리로 막을 내렸다고 생각했다. 다시는 불면증으로 고생하지 않을 것 같았다. 하지만 웬걸, 50이 넘어 폐경이 되면서부터 그놈은 반기지도 않는 나를 또 찾아왔다. 이번에는 우울증의 표출로서가 아니라 에스트로겐의 분비가 멈췄기 때문이라고 했다. 맞다. 당시 나는 사는 것이 즐겁고 감사해서 매일 신나는 날들을 보내고 있었기 때문에 우울증이 아닌 것은 당연했다. 하지만 원인이야 무엇이건 나이가 있기 때문이었을까 이제는 며칠씩 잠 안 자고 버틸 힘이 없었다. 필요할 때마다 의사의 도움을 받고 약을 복용했다.

어느 날 TV에 나온 정신과 의사가 말하기를 불면증의 수많은 원인 중 하나가 일 중독(workaholic)이라고 했다. 무의식중에 일을 계속하고 싶고 잠자는 시간조차 아깝다는 생각에 잠이 들지 못하는 것이라고 했다. 가만히 되새겨보니 내가 바로 일 중독이 아닐까 하는 생각이 들었다. 자려고 누우면 왜 그렇게 하고 싶은 것이 많은지, 그것들을 생각하느라 머릿속이 온통 가득차서 잠이 비집고 들어올 틈이 없다. 오늘은 아무 생각 말고 자야겠다고 결심은 하지만 어느새 정신이 말갛게 되고 머릿속은 뭔가 하고 싶은 생각으로 온통 반짝거리기 시작한다.

낮에 본 예쁜 퀼트가방을 나도 만들어야지. 내게 있는 천 가운데 어떤 것들을 배색하면 제일 예쁜 작품이 나올까. 자리에서 일어나 천이 들어있는 장롱 문을 열어놓고 마음에 드는 천을 골라본다. 천을 만지고 있으면 순면, 자연섬유이기 때문일까 마음은 순해지고 예쁜 꽃무늬들로 인해 즐거워진다. 한참을 배색해 보다 시간이 너무 늦어지니 조금 불안해진다. 밤을 새우면 내일이 얼마나 힘든가를 잘 알고 있으므로 그만 자야겠다고 다짐하고 이불 속으로 들어간다.

잠시 후, 역시 잠은 안 오고 수필의 소재가 슬그머니 떠오른다. '잘 기억해두었다가 내일 써야지.'라고 생각하는 것은 아무 소용없는 일이다. 얼른 메모지에 적어두려고 머리맡의 불을 켜고 끄적여 놓는다. 나 때문에 잠을 방해받은 남편이 모른 척하고 있으니 미안해서라도 더는 정신 사납게 해서는 안 된다고 다짐하며 다시 베개에 머리를 묻는다.

오늘도 마찬가지였다. 저녁나절에 예쁜 삽화를 곁들인 수필집을 인상 깊게 읽으면서 특이한 그림들을 유심히 들여다보았는데 그것이 자려고 감은 내 눈 위로 미래의 내 수필집이 되어서 지나간다. 수필집에는 다른 사람이 그려준 삽화가 아니라 내가 만든 퀼트 작품 —아기 이불, 벽걸이, 소품들—의 사진이나 그림이 자신의 자리를 잡고 글을 빛내주고 있다. 상상만 해도 마음이 즐거워 잠이 오지 않는다. 다시 일어나 컴퓨터방으로 왔다. 방이 좀 추우니 스웨터를 덧입고 책상에 앉는다.

글을 쓰겠다는 사람으로서 문학적 소양이 너무 부족하다 싶어 몇 줄 따라 읽다 치워둔 ≪명심보감≫을 꺼내 뒤적여 본다. 참, ≪당시산책唐詩散策≫이라는 빨간 표지의 책도 치워둔 지 오래되었어. 그것도 찾아내고. 교실의 문우들께 받은 책 중에 아직 못 읽은 책도 있으니 그것도 빨리 읽어야 할 텐데. 그렇게 해서 퀼트 천들이 어지러이 널려있는 방에 빈틈을 헤집고 온갖 책들이 질세라 자리를 잡는다.

결국은 한숨 자고 일어난 남편으로부터 싫은 소리를 듣고 만다.

"당신, 또 내일 힘들다고 얼마나 죽는소리하려고 그래요? 절제 좀 해요, 절제! 빨리 가서 자구려, 어서!"

남편의 나지막하면서도 힘 있는 '어서!' 소리에는 더 이상 버티지 못하고 손들고 만다. 그제서야 모든 것을 포기하고 이불을 푹 뒤집어쓰고 잠을 청한다.

학생 때에는 당장 공부하지 않으면 안 되는 상황에서도 졸음이 쏟아져 할 수 없이 자고 새벽에 일어나서 하겠다고 미뤄놓곤 했었다. 그런데 왜 요새는 내일 생각해도 되는 것을 오늘 하지 못해서 안달을 하는 것일까. 어릴 때는 모르던 시간의 소중함을 이제는 알기 때문에? 살아온 날보다 살아갈 날이 훨씬 적게 남아있음을 알기에? 나도 잘 모르겠다. 아마도 모든 것이 그놈의 불면증 때문일 거야. 남편처럼 눕자마자 5초도 되기 전에 잠드는 사람이야 내 고충을 알 리가 없지. 나도 쉽게 잠이 든다면 얼마나 좋을까.

이런 저런 생각을 하며 다시 잠을 청하려는데 영화 〈바람과 함께 사라지다〉의 마지막 장면이 생각났다. 현관문을 박차며 나가는 남편을 애원하며 붙잡으려다 실패하고 층계에 주저앉으며 스칼렛 오하라가 중얼거리던 말이 귀에 들리는 듯 생생하다.

"오늘 안 되면 내일 생각하자. 내일은 또 내일의 태양이 떠오를 테니까!"

'이 문장 이번의 내 수필 제목과 참 잘 어울리는 말이네. 그래, 내일 걱정은 내일하면 되는 거니 오늘은 아무 생각 말고 빨리 자자. 아, 그런데 잊으면 안 되니 잊기 전에 메모해 놓자.'

나는 다시 부스럭거리며 머리맡의 스탠드를 더듬어 찾는다.

(2014. 1.)

포크댄스를 추던 아이들

체육 선생님이 축음기에 레코드판을 올려놓자 경쾌한 음악이 흘러나온다. 우리는 재잘거림을 멈추고 선생님의 지시에 따라 익숙하게 빙 둘러서서 포크댄스를 추었다. 고 3. 지금 같으면 상상도 못할 일이지만 그때 우리는 그런 즐거움을 누릴 수 있는 학교에 다니고 있었다. 1970년이 시작되기도 전, 그 시절에 벌써 남학생과 여학생이 한 반에서 짝이 되어 앉았고 교복, 두발 자유화를 시행하던 '대학부속 시범학교'였다

우리가 고등학교를 졸업한 것은 1968년이다. 1998년에 졸업 30주년을 맞아 뜻 깊은 기념행사를 가진 후 다시 흩어져 바쁘게 살아갔다. 그 사이 인터넷이 발달하여 모임마다 카페가 생겨났고 우리도 한 동창의 노력으로 고등학교 동기동창 카페를 갖게

되었다. 한 학년이 세 학급뿐이었고, 남녀공학이었던 우리는 이성 친구에 대해 아주 자연스러운 사이였다.

학교에 다닐 때는 조용하고 별로 나서지 않던 카페지기는 해양대학을 나와 선장을 한 경력이 있으므로 우리는 그를 캡틴이라고 불렀다. 시간과 공간을 초월하는 온라인 카페는 곧 아이들의 호응을 받으며 번창해 나갔다. 특히 외국에 나가 살며 조국과 친구를 그리워하던 동창들이 환호성을 지르며 반가워했다.

졸업 40주년을 얼마 앞두고서는 기념행사와 기념여행을 하자는 의견이 모였다. 동창카페 덕분에 일사천리로 일이 진행되었다. 해외에 거주하는 동창들도 여러 명 참석하겠다고 했다. 그보다 10년 전, 그러니까 졸업 30주년 기념행사 때는 내가 일을 맡았었다. 모든 것을 일일이 전화와 편지로 연락하면서 고생하던 그때를 생각하면 10년 사이에 인터넷의 발달로 세상이 참 많이 편리해졌구나 싶었다.

2008년 가을, 드디어 졸업 40주년 기념행사를 열게 됐다. 우리를 가르치던 스승님들도 모셨다. 같이 늙어간다더니 선생님들 가운데는 우리보다도 젊어 보이는 분도 계셨다. 학창시절 여학생들의 마음을 설레게 했던 남성사중창단의 노래를 다시 들을 때는 못 견디게 그 시절이 그리워지기도 했다.

고등학교 3학년에 올라가면서는 공부에 지친 우리들을 배려해 체육시간이면 강당에 모여 남녀 같이 포크댄스를 추게 해주었다. 이 시간이야말로 공부의 압박에서 벗어나 마음껏 웃으며 머리를 식힐 수 있는 시간이었다. 젊음도 순수도 모두 입시라는 족쇄에 묶어놓고 오직 책과 씨름하면서 공허해진 마음에 무언가 작은 기쁨과 떨림이 채워지는, 신선한 바람 한 줄기 깊이 들이쉬는 휴식의 시간이었다. 풍족하던 시절이 아니었으므로 교복이 아닌 사복을 한 우리들의 모습이 그리 세련돼 보이지는 않았으리라. 하지만 한창 꿈을 꾸던 나이, 우리들의 마음은 너나 할 것 없이 아름다운 신데렐라가 되고 왕자가 되는 시간이었다. 전주가 나오면 우리는 익숙하게 두 손을 허리에 대고 발뒤꿈치를 몇 번 들었다 놓으며 준비 동작을 한 후 음악에 맞춰 신나게 춤을 추었다. 남녀 가릴 것 없이 시험공부에 쌓였던 짐을 잠시 내려놓고 유쾌하게, 신나게 스텝을 맞췄다. 그리고는 체인징 파트너의 순서. 속으로 좋아하던 남학생과 파트너가 되면 가슴이 유난히 뛰던 일이 생각난다. 열여덟, 열아홉, 한창 이성에 눈뜨던 그 나이에 비록 한 학급의 친구이지만 이성의 손을 잡는 일은 마음을 설레게 하기에 충분했다. 남자의 손을 잡으면 큰일 나는 줄 알고 끝까지 피해 다니던 여학생들도 있던 참 순진하던 그 시절이었다.

40주년 행사를 마친 다음 날 설악산으로 1박2일 여행을 떠났다. 가을의 단풍은 아름다웠고 다시 어린 시절로 돌아가 이야기꽃을 피우는 우리들의 뺨도 붉은 단풍처럼 고왔다.

저녁 식사 후에는 파티를 열었다. 나이가 드니 학생 때 수줍음을 타던 아이들도 스스럼없이 나와 노래도 하고 유머러스한 이야기로 웃기는 친구도 있었다. 파티가 끝날 때에는 모두 둥글게 둘러서서 손을 잡았다. 그 옛날 체육시간이 떠올랐다. 우리의 마음은 열여덟 살, 함께 손잡고 포크댄스를 추던 그때로 돌아가 있었다. 〈올드 랭 사인〉을 부르며 모임을 끝낼 때 모두의 얼굴에 떠오르던 감회의 표정들을 읽을 수 있었다.

지난해 늦은 봄 동창회 총무한테서 전화가 왔다. 캡틴이 아파서 병원에 입원을 했단다. 우리 나이에는 병원에 입원하는 친구들이 종종 있으므로 대수롭지 않게 들었다. 그런데 그것이 아니었다. 췌장암 말기. 너무 늦었고 앞으로 2, 3개월을 넘기기 힘들 것이라고 했다. 믿어지지 않았다. 그렇게 건장하던 캡틴에게 어찌 그런 일이 있을까.

세월은 유수처럼 흐른다더니 어느새 우리가 이만치 나이가 들어 친구를 잃는 슬픔을 겪어야 하는 때가 되었다는 것이 믿어지지 않는다. 이제라도 마음 한번 넓게 펴고 친구들과 함께할 수 있는 날들을 감사하면서 서로 돌아보는 우리들이 되기를 소망해본다. 우리는 어리고 순수하던 시절 함께 손잡고 포크댄스를 추던 아이들이 아닌가. 아름다운 추억을 공유한 친구들이 아닌가. 그 추억은 세상이 다하는 날까지 영원히 우리 가슴속에 남아있으리라.

(2012. 1.)

친구야, 우리 어디서 만날까

오늘 아침 산길을 걸어 제법 멀리 있는 도서관에 다녀왔다. 우리 집 가까이에 도서관이 없는 것은 아니지만 이왕이면 운동 효과까지 생각해 두 마리 토끼를 잡으려는 계산에서였다. 10월에 접어들면서 아침저녁으로 시원한 기운이 감돌아 산길을 걷기에는 그만인 날씨였다. 한여름의 진초록이 이울고 아직 붉은 물이 들지 않아 어정쩡한 색깔의 나뭇잎들이지만 무성한 숲이 그런대로 초가을 냄새를 풍기고 있었다.

시집 세 권과 수필집 한 권, 그리고 인문학 책 한 권, 모두 다섯 권을 빌려왔다. 그 가운데 먼저 인문학 책을 펼쳤다. 얄팍한 시집을 놔두고 두터운 인문학 책을 먼저 읽으려 한 이유는 이런 부류의 책을 이해하는 데 취약한 내 두뇌 능력을 알기 때문이다. 어려운 책을 먼저 읽고 나서 편한 마음으로 나머지 책을 읽어야겠다는 심산에서였다.

책을 읽다 보니 조금 어렵긴 해도 시간 가는 줄 모를 만큼 재미있는 내용이었다. 70여 페이지를 단숨에 읽고 잠시 쉬려고 눈을 감았는데 이 책을 권해준 친구의 얼굴이 떠오르며 나도 모르게 배시시 웃음이 났다.

화학을 전공한 우리들은 실험실에서 함께 보내는 시간이 많았다. 실험용액을 가열하는 동안, 또는 눈에 보이지는 않아도 실험물질의 변화를 기다리며 방치해둬야 하는 동안, 이삼십 분에서 때론 한두 시간씩 여유가 있어서 우리는 다른 학과 아이들에 비해 대화할 시간이 많았다. 스무 살 즈음의 여학생들의 재잘거림이 아직도 귓가에 쟁쟁하다.

앞으로 자신의 삶이 어떻게 전개되어 나갈지 모르는 상황에서 미래에 대해 부푼 꿈을 안은 청춘들이었으니 우리들의 이야기 속에는 아름다운 상상의 꽃이 만발하곤 했다. 당시엔 축복받은 소수에 들어있다던 여대생들이었고 화학자가 되려는 부푼 꿈을 안고 모여든 우리들이었다. 하지만 긴 세월 지내놓고 보니 졸업 후 대부분은 평범한 가정을 이루어 아내로서 엄마로서의 삶을 살아왔다. 그때는 지금처럼 여자들이 자신의 꿈을 이루기 위해 무언가 할 수 있는 운신의 폭이 매우 좁은 시절이었기 때문이었을 게다.

그 가운데 학교 다닐 땐 드러나지 않던 재능을 찾아내 독특한 삶을 살았던 몇몇 친구들의 얼굴이 떠오른다. 건강을 위해 젊어서부터 에어로빅을 열심히 하다 드디어 강사가 되어 지금까지도 가르치고 있는 친구가 먼저 생각난다. 또 한 친구는 나이 40에 들어서서 요리를 배우기 시작해 지금은 내로라하는 전통요리 연구가가 된 아이도 있다. 음악적 재능을 살려 교회 성가대 지휘자로 평생 봉사한 친구도 있고 취미로 하던 그림그리기로 화가 못지않은 실력을 뽐내는 친구도 있다. 운동신경이 특별했던 한 친구는 자전거로 지구 둘레 한 바퀴가 넘는 5만 Km 주행 인증서를 받기도 했다.

그럼 나는 어땠나. 나는 어릴 때부터 간직한 푸른 꿈을 펼치기 전까지는 공부에 전념하며 결혼 같은 건 꿈도 꾸지 않을 거라 했다. 행여 결혼을 한다 해도 서른 이전엔 절대로 하지 않을 거라고 큰소리를 쳤었다. 하지만 한 남자에게 눈이 멀어 물불 안 가리고 달려들어 결혼한 것이 만 스물세 살, 두 아이 낳고 키우느라 꿈에서 멀어졌고 포기되지 않는 그 꿈 때문에 괴롭고 힘든 시간들을 보내야 했다. 그리고는 문학이 세상에 왜 필요한지 모르겠다고 떠들어대던 무식함도 잊은 채 이순耳順이 넘은 어느 날 보니 평생 한번도 생각해본 적 없던 '글 쓰는 사람'이 되어 있잖은가. 참 사람의 일이란 알 수 없는 것, 원하고 애쓴다고 그대로 이루어지는 것이 아닌 것은 분명한 것 같다.

내게 책을 권해준 친구는 참 재미있는 친구다. 수더분한 성격에 호방하게 웃어 젖히던 그녀는 자신은 졸업하는 순간 적성에도 맞지 않는 화학 따윈 미련 없이 버리겠다고 했다. 결혼해서 평범한 아낙으로 살다가 마흔 살쯤 되면 목욕탕을 운영할 테니 모두 놀러와 함께 목욕도 하고 뜨끈한 비닐 장판에 둘러앉아 화투를 치자고 했다. 그 친구의 말이 얼마나 재미있던지 실험대를 두드리며 깔깔대던 일이 어제일인 듯 생생하다. 그랬던 그녀가 뜻밖에도 목회자의 아내가 된다고 했을 때 우리는 기절할 만큼 놀랐다. 하지만 그 친구는 사모로서의 삶을 훌륭히 살아내고 지금은 동남아에 선교사로 나가 있는 남편한테 가끔씩 오가며 지낸다고 한다. 원래 책을 좋아했던 터라 혼자 있는 시간이 많은 요즘은 주로 독서를 즐긴다고 했다. 그리고는 글 쓰는 데 필요할 거라며 내게 여러 가지 좋은 책을 권해 준다. 의자 등받이에 기대 눈을 감은 채 그 시절의 친구들을 생각하며 한참을 웃었다.

과학자가 되겠다는 마음으로 모였던 친구들, 만약 요즘처럼 여자도 자신의 능력을 마음껏 펼칠 수 있는 세상에 살 수 있었다면 동기생 서른 명 가운데 훌륭한 화학자도 몇 명 나오지 않았을까? 하지만 한편 생각해보면 가정과 일을 양립시키기 위해 또 그 나름대로의 어려움을 겪어야만 했을 테니 어떻게 살아야 잘 살았다고 할 수 있는 것인지 솔직히 잘 모르겠다. 꿈을 꾸건 아니건, 꿈이 크건 작건 사람은 아무도 미래를 예측할 수 없다. 다만 보다 나은 내일을 위해 오늘, 지금 내가 할 수 있는 만큼의 최선을 다하는 일, 그것만이 자유의지를 부여받은 우리가 할 수 있는 일인 것 같다.

생각난 김에 그 친구에게 전화를 걸어 만날 약속이나 해야겠다. 친구야, 우리 어디서 만날까? 뜨거운 물이 찰랑찰랑 넘치는 목욕탕에서 만날까, 아니면 신성하고 엄숙한 교회당 로비에 마련된 시원한 카페에서 만날까? 친구의 푸근한 웃음소리가 들리는 듯하다.

(2016. 10.)

2부

마흔 번째 카드

백점짜리 부부

내 남편은 조선팔도에서 둘째가라면 서러워 할 만큼 좋은 남편이다. 그이는 크리스천이다. 술도 담배도 하지 않는다. 늘 맑은 정신을 유지하고 살며 한 치의 흐트러짐 없이 자신을 관리한다.

첫애가 어릴 때 살던 아파트에서 그의 별명은 '여섯시땡'이었다. 하루도 예외 없이 시간 맞춰 퇴근하는 그이한테 이웃 주부들이 붙여준 것이다. 술친구가 없으니 갑자기 들이닥쳐 술상을 내오라며 아내를 당황케 하는 일도 없고, 휴일에 처자식을 버려두고 혼자서만 나가 친구들과 어울리는 일도 없다. 일 년이면 삼백육십일 가까이 제 시간에 귀가해 저녁을 먹는 내 남편 같은 사람은 우리나라에는 그리 흔치 않다고 했다. 내 경우와는 정반대로 남편이 집에서 저녁을 먹는 일이 거의 없는 내 동생은 날마다 저녁반찬 걱정에서 헤어나지 못하는 나를 위로해 주기도 했다. 하지만 처음부터 그것이 습관이 되어서인지 나는 별로 힘들다는 생각을 하지 않았다. 그뿐만 아니라 모든 면에서 가정적인 그를 내 스스로 백점짜리 남편이라고 인정했다.

우리나라가 이렇게 빨리 발전하여 집집마다 자동차를 소유하게 되지 않았다면 아마 아직도 내 남편은 아내 앞에서나마 백점짜리 남편의 명성을 그대로 유지하고 있을지도 모르겠다. 무슨 이유인지는 말을 안 해 알 수 없지만 총각시절 유학생활까지 한 남편은 운전을 할 줄 몰랐다. 1977년 첫 번째 안식년을 맞아 함께 미국에 갔을 때에야 비로소 운전을 배웠다. 당시는 우리나라에 자가용이 흔치 않았으므로 돌아와서는 그런대로 불평 없이 살았다. 하지만 점차 자동차 보급률이 높아져 너도 나도 모두 앞 다퉈 차를 살 때도 남편은 차를 사는 일엔 일절 관심을 보이지 않았다.

1990년에 다시 일 년 간 미국에서 지내면서 구입했던 국산차를 귀국하면서 가지고 들어왔으므로 그때부터는 우리도 얼마든지 여행을 다닐 수 있게 되었다. 하지만 남편의 운전기피증 탓에 그 좋은 차를 주차장에 세워놓은 채 사용하는 일이 거의 없었다. 직장까지 한 번에 가는 좌석버스를 타면 편히 앉아 연구과제도 생각할 수 있고 졸리면 자도 되는데 귀찮게 운전은 왜

하느냐 했다. 휴일엔 다들 놀러 가니 우리라도 서울을 지켜야 하지 않겠느냐며 그냥 집에 있자고 했다. 이렇게 좋은 세상에서 아내를 집에만 가둬두는 남편은 결코 100점짜리일 수 없다. 나는 처음으로 남편의 점수를 30점 깎아버렸다. 남편은 졸지에 70점짜리가 되었다.

아이들을 모두 독립시켰고 남편은 퇴직했다. 둘이만 남은 집은 당연히 할 일이 그리 많지 않았다. 나는 버겁게 남아도는 시간을 활용하려고 문화 센터나 도서관에 나가 관심 있는 강의를 찾아 듣기 시작했다. 그런 곳에는 내 또래가 참 많았다. 교실에서 가까워진 친구들한테 이야기를 들어보니 한가로워진 시간을 활용해 부부가 자유롭게 여행을 다닌다고 했다. 그리고 그런 사람이 의외로 많았다. 우리나라에는 경치 좋은 곳이 많아 주말에 자동차에 필요한 것들을 싣고 발 닿는 대로 여행을 떠난다는 것이다. 땅덩이가 작은 나라라서 당일로 다녀올 수 있는 곳도 많고 며칠 동안 여러 곳을 둘러보다 오더라도 무어랄 사람도 없으니 나이 들어 이런 재미도 없다면 어찌 살겠느냐고 했다.

남편을 살살 달래 우리도 산천경개 유람 좀 다니자고 했다. 예상했던 대로 그는 고개를 가로저었다. 운전하기 싫다고 했다. 대신 늘 하던 대로 일 년에 한두 번 해외여행을 하는 것으로 대신하면 되지 않겠느냐고 했다. 하지만 나이 들어갈수록 해외여행이 힘들어지니 어이할까. 장시간 비행기를 타는 것도 그렇고 여행지의 음식과 잠자리에 적응하는 일도 젊을 때보다 어렵게 느껴지기 시작했다. 무엇보다 나는 내 나라의 구석구석을 살펴보고 싶었다. 그래서 몇 번 더 졸라보았으나 남편의 답에는 변함이 없었다. 생각해보니 운전은 안전이 걸린 일이라 싫다는 사람을 억지로 시킬 수도 없는 일인 것 같았다. 서운해도 속으로만 끙끙대다 그이의 점수를 또 깎아내렸다. 인생 후반부에 이르러서야 겨우 자유를 누릴 수 있게 된 아내를 훨훨 데리고 다니지도 않는 남편은 결코 좋은 점수를 줄 수 없다. 이제 남편의 점수는 50점으로 추락했다.

문득, 그렇다면 남편은 나를 몇 점짜리 아내로 생각하고 있을까 하는 생각이 들었다. 그가 말하지 않을 테니 내 스스로 나의 점수를 매겨봐야겠다. 난 음식 솜씨가 별로여서 식구들에게 미안하게 생각하면서도 요리엔 흥미가 없어 배울 생각조차 안했다. 돈 관리도 제대로 못해 몇 번이나 집을 옮기는 긴 세월 동안 부동산에도 한 번 안 들어가 봤다. 이런 아내이고 보니 좋은 점수를 받을 수 없는 것은 뻔한 일일 게다. 젊은 날의 꿈을 접고 가정을 위해 헌신하느라 고생했다며 남편은 내게 이젠 맘껏 자유를 누려보라고 한다. 그의 너그러운 마음만 믿고 허구한 날 나돌아다니는 나는 그럼 몇 점이나 될까. 이곳저곳 기웃대며 배우는 것도 많고 특히 문학반에서 다니는 문학기행에는 빠지지 않고 따라다니며 남편의 외로움 같은 것은 생각도 않는 나는 몇 점이나 감점을 해야 할까. 생각해보니 나도 50점을 넘기기는 어려울 것 같다.

하는 수 없다. 그이의 50점과 내 50점을 더하는 수밖에 다른 방법은 없을 듯싶다. 그러니 이제는 합해서 백점짜리 부부로 살아가야겠다. 그것도 아주 행복하게 말이다. 평생 한눈 한 번 팔지 않고 오직 가정을 위해 자신의 모든 것을 바쳐 울타리 역할을 성실히 수행해준 남편, 머리에 서리가 짙게 내린 남편을 더욱 잘 섬기고 열심히 사랑하고 아껴주면서 그렇게 말이다.

(2014. 9.)

외양간은 비었어도

그 순간의 감정을 어떻게 표현해야 할까. 당황스럽고 허무하고 막막했다고 하면 될까. 아니다. 그보다는 내 실력으로 표현하기 힘든 좀 더 충격적인 느낌이었다. 소를 도둑맞고 텅 빈 외양간을 들여다보는 소 주인의 마음이 이런 것일지도 모르겠다는 생각도 들었다. 무슨 실수를 했는지도 모르는데 그 중요한 파일이 어디론가 사라져버렸다. 시 쓰기를 배우기 시작한 이후 4년 동안 언뜻, 또는 섬광처럼 번쩍 떠오른 어휘나 구절들을 기록해 놓았을 뿐 아니라 시 쓰기에 도움이 될 만한 자료들을 모아놓은, A4 용지로 무려 530여 페이지에 달하는 파일이다. 틈날 때마다 열어놓고 시를 완성해가는 즐거움을 누리던 내 보물 1호라고 해도 과언이 아닌 파일이었다.

내 컴퓨터 실력이라고 해봤자 내게 필요한 것들만 겨우 배워 사용하고 있는 정도이다. 복잡한 것은 배워도 금방 잊어버리는 나이라고 체계적으로 배울 생각도 않고 있었으니 이럴 때는 그야말로 속수무책이다. 내 얕은 상식으로도 이 일과 '휴지통'은 아무 상관없으리란 것을 알면서도 내가 해볼 수 있는 일은 그것을 뒤져보는 일뿐이었다. 있을 리가 없다. 흐릿하던 머릿속이 완전히 하얘졌다. 컴퓨터가 말썽을 부릴 때는 대부분 남편이 손 봐주면 되었는데 이번엔 남편의 도움도 소용이 없으리란 예감이 들었고 안 좋은 예감은 언제나 적중한다는 말이 맞았다.

USB를 연결하여 사라진 것과 같은 이름의 파일을 열어보았다. 5백여 페이지 중 앞부분의 반 정도만 저장되어 있었다. 그것은 내가 등단하기 전에 끄적거려 놓았던 이제는 필요도 없는 부분이었다. 등단 이후 차곡차곡 써내려간 자료와 어느 정도 시의 모습을 갖추어가던 미완성 작품들 수십 편이 고스란히 안개처럼, 연기처럼 흔적도 없이 사라져 버렸다. 문학, 특히 시가 뭔지도 모르는 상태에서 시작해 이제 겨우 작품다운 작품을 낼 만한 때인데 어찌해야 할지 대책이 서질 않았다.

어쩐지 최근 들어 모든 문서들을 다시 한 번 USB로 옮겨야겠다는 마음이 자꾸 들더라니…. 모든 일이 그렇다. 생각날 때 얼른 실행에 옮겨야 한다. 누군가의 페이스북에서 본 글귀가 생각난다. '하고자 하는 의지만으로는 충분치 않다. 행동해야만 한다

(Willing is not enough; We must do.).' 게을렀던 자신에 대해 후회가 밀려온다

또 한 가지 후회되는 일이 있다. 이런 때를 대비하라고 여러 사람들이 내게 해준 충고를 귀담아듣지 않고 '뭐 그런 일이 있을까.' 하는 안일한 생각을 했던 것이다. 선배들이 겪어보고 해준 이야기였으니 그것은 꼭 필요한 조치였음을 일이 벌어지고 난 이제야 깨닫고 후회하는 어리석음이라니.

서둘러 그동안 귓등으로 흘려버렸던 충고들을 생각해내어 실천에 옮겼다. USB에 옮기는 것은 물론 내 블로그에 비밀의 방을 마련해 글쓰기에 관련된 모든 파일을 일일이 옮기는 작업을 했다. 며칠에 걸쳐 비지땀을 흘려가며 낑낑대다 생각해보니 이것이야말로 '소 잃고 외양간 고치기'라는 생각이 들어 혼자 실소를 하고 말았다.

그러는 중에도 며칠을 시름에 빠져 있다가 문우에게 별 기대 없이 혼잣말하듯 중얼거렸더니 뜻밖에도 데이터 복구 회사가 있다는 것을 알려주었다. 시들어가던 꽃이 비에 젖자 생기를 되찾듯 풀죽었던 내 마음이 반짝 희망을 얻었다. 회사 직원이 와서 내 컴퓨터 하드디스크 두 개를 모두 빼갔다. 그리고 두 주간. 나는 강제로 엄마 젖을 뗀 아이처럼 아무 일도 손에 잡히지 않고 불안해서 컴퓨터 방을 들락거리기만 할 뿐 제대로 된 생활을 할 수 없었다. 내 두뇌를, 아니 내 삶을 누가 통째로 가져가 버

린 기분이었다. 시간은 또 왜 그리 느리게 흘러가는지 사는 것이 아무 재미도 없고 답답하고 지루해서 견딜 수가 없었다. 그것은 사라진 파일을 복구하지 못하면 어쩌나 하는 걱정 때문이 아니었다. 파일이 날아가버린 것을 알아차렸을 때 잠시 당황하긴 했지만 이미 마음을 비운 상태였다. 살다보면 이보다 더 귀한 것을 잃는 사람들도 허다한데 정말 아까운 자료지만 어쩌겠나, 새로 시작하자. 그렇게 마음먹고 있었으니까.

일종의 금단현상이었다. 나는 이미 컴퓨터에 중독된 상태요 컴퓨터의 노예가 되어 있었다. 두 주간을 간신히 견디고 나자 기사에게서 연락이 왔다. “최선을 다했지만 복구에 실패했습니다.” 나는 주저하지 않고 말했다. “괜찮아요. 어서 내가 컴퓨터를 쓸 수 있게만 해주세요.”

컴퓨터가 다시 셋업되고 그 앞에 앉았다. 모처럼 엄마 품에 안긴 아이처럼 행복한 마음이 되살아났다. 컴퓨터의 존재가 이렇게 고맙게 느껴진 건 처음이었다. 중독이라도 상관없다. 만약 컴퓨터가 없었다면, 그리고 너무 늦었다고 문학을 시작하지 않았다면 무미하고 지루하고 초라할 수도 있었을 내 황혼의 시간을 어떻게 견뎌내고 있었을까.

이 일을 겪으면서 ‘잃는 것이 있으면 반드시 얻는 것도 있는 법’이라는 평범한 진리에 새삼 고개를 끄덕였다. 파일을 잃은 대신 나는 컴퓨터와 문학에 대한 고마움을 새로이 깨달았다. 물론 앞으로는 파일을 날려 보내는 어리석은 일을 하지 않도록 조심해야겠지. 사랑스러운 내 장난감, 컴퓨터를 마음대로 갖고 놀 수 있을 뿐 아니라 마음 놓고 글쓰기를 할 수 있는 모든 주변 환경에 대해 감사한 마음을 가지고 매일을 살아나가야겠다고 다짐해본다.

더위를 식히려 열어젖힌 창문으로 모처럼 '미세먼지 농도 좋음'의 새파란 하늘이 들어와 안긴다. 멀리로는 흰 구름 송이송이 하늘의 품에 안겨 젖을 빨고 있는 듯 평화로움이 떠돌고 있다. 소를 잃은 외양간처럼 텅 비었던 내 마음이 평안으로 가득 차오른다.

(2016. 5.)

바람난 아내의 고백

나는 지금 바람을 피우느라 정신이 없다. 늦바람이다. 남편은 나를 처음 만난 날 이후 40여 년간 여자라고는 하늘 아래 나 한 사람밖에 없는 줄 알고 살아왔고, 나 또한 단언컨대 이날까지 한눈 한 번 판 적이 없다. 오직 그 한 사람만 바라보고 의지하고 변함없이 사랑하며 살아왔다. 그것은 우리 둘뿐 아니라 주변의 모두가 인정하는 일이다. 그런데 그렇게 조신하던 아내가 바람이 났으니 그이 마음이 오죽할까. 하지만 늦바람은 태풍만큼이나 강하게 나를 휘몰아간다. 내가 앞뒤 가리지 않고 정신없이 빠져드니 남편도 어쩔 수 없이 먼발치서 바라다만 볼 뿐이다.

대낮에는 말할 것도 없고 밤에도 남편 곁에 누워 "사랑해요, 고마워요." 속삭여가며 그이를 재워놓고는 살그머니 이불을 빠져나와 그에게로 달려간다. 기쁨과 반가움으로 가슴을 설레며 그와 마주 앉는다.

내가 왜 너를 진즉 만나지 못했을까. 조금만 젊어서 너를 만났다면 얼마나 좋았을까. 우리 너무 늦은 건 아닐까? 그를 붙들고 매일 되풀이해 사랑을 고백한다. 그러면 그는 늘 이렇게 대답한다. "이제라도 만났으니 다행이지. 늦게 만난 만큼 우리 더 열심히 사랑하자. 그럴 수 있지? 어서 들어와."

나는 지체 없이 컴퓨터를 켜고 몇 번의 클릭을 거쳐 글쓰기 폴더를 연다. 때로는 시詩를 때로는 수필을 펼쳐놓고 사랑의 대화를 이어간다. 그들과 나누는 대화는 심심하던 내 삶에 활기를 불어넣어줄 뿐만 아니라 삶에 대해 무한한 애착을 갖게 해준다. 남편이 자신의 일에만 몰두하느라 나를 외롭게 해도 상관없다. 자식들이 바쁘다고 자주 안 찾아와도 전혀 서운치 않다. 오히려 자신들의 일을 열심히 하며 내게 관심 갖지 말고 그냥 나는 바람이나 피우며 살게 내버려 두면 좋겠다는 생각이 들 만큼 나는 전과는 또 다른 행복 속에 살고 있다.

살아온 날에 비해 살아갈 날이 훨씬 적게 남은 이 나이의 내게, 사랑을 쏟아 부을 수 있는 무언가가 찾아왔다는 것은 참으로 큰 행운이라 하지 않을 수 없다. 만약 문학이 내게 오지 않았다면, 내가 문학을 만나지 않았다면 나는 지금 어떤 모습으로 시간을 메우며 늙어가고 있을까. 생각하고 싶지도 않다.

한잠 자고 깬 남편이 내 방으로 온다. "당신, 웬만큼 하구려. 몸 생각도 해야지."

문학이란 놈에게 마음을 빼앗긴 아내를 그래도 몸 상할까 염려해주는 저 착한 사람. 나는 돌아다보며 고개를 끄덕인다. 세상의 그 무엇이 남편만 할까. 나는 얼른 컴퓨터를 끄고 그를 따라가 곁에 눕는다. 남편의 지지를 받으며 문학과 애타는 사랑을 나누는 나는 지금 저녁놀이 아주 붉고 아름다운 황혼의 시간을 그이와 함께 걸어가고 있다. 이불 속에서 내 손을 꼭 잡아주는 남편의 손이 따뜻하다.

(2015. 11.)

팔불출의 변명

나는 팔불출이다. 그중에서도 자화자찬의 명수다. 다른 사람이 제 자랑해대는 것을 보면 참 낯도 두꺼운 사람이로구나 싶고, 아무리 좋게 봐주고 싶어도 별로 멋진 사람으로 인식되지 않는다. 그럴 때마다 스스로를 돌아보며 툭하면 나 잘났다고 설쳐대는 이 나쁜 버릇을 어서 고쳐야겠다고 생각하게 된다. 하지만 이야기를 나누다 보면 어느새 또 내 자랑을 해대고 있는 자신을 발견하게 되고 그때마다 부끄럽고 쑥스러워 당황하곤 한다.

내가 어쩌다 이렇게 염치없는 사람이 되었을까 곰곰 생각해보니 그것은 모두 남편 탓이라는 결론이 나왔다. 남편은 아주 정직한 사람이다. 다른 사람의 말은 다 못 믿어도 남편의 말은 믿을 수 있을 만큼 정직하다. 나는 아마 그가 '메주는 팥으로 쑨다.'라고 하면 분명 마트에 가서 팥을 사올 것이다.

원래 나는 가족들에게 미안할 정도로 요리에 대해서는 관심이 없다. 그러니 당연히 요리를 잘 못한다. 하지만 그것이 내 잘못만은 아니다. 남편은 이상하리만치 식탁에서 반찬이 맛있다고 표현하는 일이 없다. 남편의 귀가를 기다리며 정성껏 식탁을 마련해 놓고 칭찬을 기대하는 아내의 마음을 전혀 헤아릴 줄 모른다. 맛있느냐고 물어보면 그제서야 "응? 어, 으응 맛있네." 하는 것이 고작이다. 물론 내 음식 솜씨가 칭찬받을 만하지 못하고 남편은 절대로 진실이 아닌 것을 말하는 사람이 아님을 모르는 바는 아니다. 하지만 타고나지 못한 솜씨에도 불구하고 사랑의 마음을 담아 나름대로 열심히 준비한 아내의 마음을 헤아려서라도 가끔은 빈말일 망정 맛있다고 해줘야 하는 것 아닐까? 이런 분위기에서 내가 음식 만드는 일이 즐거웠을까? 칭찬은 고래도 춤추게 한다는데 그것 좀 칭찬해주면 나도 즐거운 마음으로 요리에 취미를 가졌을 수도 있고 그 수혜자는 바로 남편 자신이었을 텐데도 말이다. 그래서 내가 궁여지책으로 생각해낸 것이 자화자찬이다. 새로운 음식을 만들거나 특별히 정성들여 만든 음식을 식탁에 올린 날은 내가 먼저 설레발을 친다.

"어머, 이것 참 맛있네요. 한 번 드셔보세요. 친구한테 배운 건데 진짜 맛있어요. 어때요, 처음 한 것 치고 정말 맛있죠? 이 참에 요리학원이라도 다녀볼까? 애초에 요리를 전공할걸 그랬나 봐요."

그제서야 남편은 "응, 참 맛있는데." 한마디해 준다.

요리뿐 아니다. 내가 이순에 들어선 나이에 처음으로 문학을 접하고 글을 쓰기 시작했을 때 나는 문학에는 문외한이던 내가 실험 리포트가 아닌 수필을 쓴다는 것이 너무나 신기했다. 젊어서 공부하는 동안 전공에 관한 보고서는 수도 없이 써보았으나 수필을 쓰는 일은 그것과는 차원이 다른 새로운 일이었다. 수필 하나를 완성할 때마다 나는 기쁜 마음으로 남편의 서재로 달려갔다.(집에는 우리 둘만 살고 있으니 달리 찾아갈 사람도 없었다.) 내 스스로는 더 이상 잘 쓸 수 없을 만큼 좋은 글이라는 자부심으로 남편에게 원고를 내밀며 읽고 나서 평을 좀 해달라고 했다. 말이야 평을 해 달라고 했지만 사실 속마음은 칭찬을 듣고 싶어서가 아니겠는가.

"당신이 수필을 쓰다니 신기하네. 이런 재주도 있었어? 글이 나무랄 데 없이 아주 좋은데."

이렇게 말해 주기를 바라며 내 방으로 돌아와 설레는 마음으로 기다렸다. 잠시 후 남편은 글을 돌려주면서 말했다.

"나는 문학은 모르잖소. 수필은 잘 몰라. 잘 썼는지 아닌지 내가 아나? 교실에 가서 선생님께 여쭤봐요."

세상에 이렇게 멋없는 남자가 또 있을까. 어쩌면 아내의 마음을 이렇게 몰라줄까. 나는 실망과 동시에 화가 나서 얼굴이 벌개져 식식대며 숨을 고르다가 대들었다.

"당신도 참 답답하네요. 내가 정말 당신한테 진지한 평을 듣기 바랐겠어요? 그냥 '잘 썼네.' 한마디해 주는 게 그렇게 어려워요? 알았어요. 다시는 봐달라고 하지 않을게요."

그렇게 말하는데 눈물이 찔끔 올라왔다. 다시는 남편한테 내 글을 보여주지 않겠다고 결심을 하긴 했지만 집에는 그이밖에 없으니 그 후에도 글을 쓰면 다시 남편에게 들고 간다. 하지만 작전을 바꿨다. 바로 자화자찬.

"여보, 이것 좀 읽어보세요. 방금 끝낸 따끈따끈한 글이에요. 얼마나 잘 썼다구요." 나는 남편이 글을 읽는 동안 자리를 떠나지 않고 옆에 앉아서 이 글이 얼마나 잘된 글인가 대놓고 자랑하며 열심히 세뇌시킨다. 결과는 대성공이다.

"응. 잘 썼구려. 당신이 이렇게 재밌어 하니 참 잘됐네. 앞으로도 열심히 써보구려."

"그렇죠? 정말 잘 썼죠? 초보가 이 정도 쓰는 거 쉬운 일 아니라구요. 안 그래요?"

"응. 그렇지."

"헤헤헤 여보, 고마워요. 칭찬해줘서."

이것이 버릇이 되다 보니 나는 점점 자화자찬하는 일에 익숙해졌다. 물론 집을 벗어나서는 그렇게 하지 않으려 마음은 먹고 있으나 어디 안에서 새는 바가지가 밖에서는 새지 않으랴.

훌륭한 인품을 소유한 사람은 겸손한 법이다. 결코 자신의 입으로 스스로를 자랑해대는 일 따위는 하지 않는다. 아무리 남편 앞이라고 해도 자화자찬을 해대는 나는 아직도 사람됨이 많이 모자라는 것이 분명하다. 앞으로는 겸손이 몸에 익도록 더욱 조심하고 어디서건 제 자랑이나 해대는 모자라는 여자가 되지는 말아야겠다고 다시 한 번 다짐해 본다. 하지만 여보, 당신도 그래요. 가끔은 눈치껏 융통성 좀 보여주면 안 되나요? 꼭 그렇게 정직해야만 하나요?

(한국수필 2016년 1월)

그날을 기다리며

가끔 이런 생각을 한다. '미국이나 유럽의 여러 나라, 특히 스위스처럼 전쟁 위협 없이 살 수 있었다면 우리 국민들의 정서가 지금과는 많이 다르게 형성되어 있지 않았을까?'

6 · 25가 일어난 해에 태어난 나는 어릴 때부터 한평생 전쟁에 대한 공포를 안고 살아야 하는 내 나라의 상황이 가끔 싫어질 때가 있다. 전쟁 공포가 없는 평화로운 분위기에서 살아보고 싶은 마음 간절하다. 내 개인의 생활이 아무리 편안하고 마음의 평화를 유지하며 살고 싶어도 우리 심리의 밑바닥엔 항상 전쟁에 대한 불안을 깔고 살아야 하는 것이 대한민국 국민이 짊어지고 있는 무거운 짐일 것이다.

지금은 초등학생 자녀를 둔 조카딸이 어릴 때 외갓집에 놀러

왔다가 내 딸과 헤어지기 싫다며 나를 따라 우리 집에 온 적이 있다. 두 살 위인 언니(내 딸)와 재미있게 놀던 이 아이가 밤이 되어 잠자리를 펴주자 안절부절못하고 불안해했다.

"이모, 나 집에 갈래요."

나는 아직 열 살이 채 안 된 조카가 엄마와 떨어져 자는 것이 힘 드는 모양이라고 생각했다.

"아니요. 내가 여기서 자는데 전쟁이 나면 엄마와 만날 수 없게 될까봐서요."

조카의 대답이었다.

둘째 아이가 2월에 태어난 1979년 10월, 젊은 교수였던 남편이 대입예비고사 출제 위원이 되어 한 달 이상 합숙하며 귀가하지 못할 때였다. 남편은 11월에 학생들이 시험을 치르고 나서야 집으로 돌아올 수 있을 뿐 아니라 출제기간 동안에는 외부와 일체 차단된 생활을 해야 했다. 여섯 살 된 딸과 어린 아기, 둘을 혼자 돌보는 것이 힘들어 어서 시험이 끝나고 남편이 돌아오기만을 기다리고 있었다. 아침에 아직 아이들이 잠이 덜 깨어 셋이서 이부자리에서 한가롭게 뒹굴고 있는데 전화벨이 울렸다. 엄마였다. 엄마는 비밀 이야기라도 하는 듯 소곤소곤 말씀하셨다.

"얘, 너 뉴스 들었니? 대통령이 암살됐대."

1979년에 일어난 10·26사태였다. 전화를 끊고 아이들에게 아침을 먹이면서 혼자 생각하기 시작했다. 남편이 있다면 다 알아서 하겠지만 지금 남편은 나와 연락도 되지 않는 곳에 있고 나 혼자 어린 자식 둘을 데리고 무언가 방도를 취해야만 할 것 같았다. 엄마가 전화 말미에 하신 말씀이 귓가에 뱅뱅 맴돌았다. "얘, 이러다 북에서 쳐들어오는 것이나 아닌가 모르겠다." 실제로 전쟁을 경험한 엄마는 엄마대로, 전쟁의 참상에 대해 허구한 날 들어왔던 나는 나대로 당장 전쟁이 머리에 떠올랐다. 별의별 생각으로 머리가 어지러웠다. 남편이 돌아오기 전에 내가 아이 둘을 데리고 피난이라도 가야 한다면 어떻게 하나. 자꾸 무서운 생각이 들었다.

작은 녀석을 들쳐 업고 큰아이 손을 꼭 잡고 은행으로 갔다. 전쟁이 나면 일단은 현금이 있어야 할 것 같았다. 은행엔 이미 사람들이 넘쳐났고 내 차례가 되었을 때는 만 원짜리(당시는 이것이 가장 큰 액수의 지폐였다)와 오천 원짜리는 다 동이 나서 없다고 필요한 돈을 수표로 주겠다고 했다. 전쟁 통엔 수표는 아무 쓸모도 없다고 들었던 터라 나는 도리질을 하고 차라리 천 원권으로 한 보따리를 찾아가지고 나왔다. 집에다 돈 보따리를 가져다 놓고서는 서둘러 슈퍼마켓에 갔다. 모유 수유를 할 수 없어 분유를 먹이던 우리 아들을 위해 분유를 잔뜩 주문해서 배달을 시켰다. 어른들이야 어떻게든 먹을 것을 구할 수 있겠지만 젖을 먹는 아기는 그럴 수도 없으니 그것이 가장 큰 문제였다. 어떻게 해서라도 모유를 먹였어야 피난을 가도 수월할 것을… 생각하면서 후회했다.

아버지가 괴뢰군을 피해 숨느라 어쩔 수 없이 엄마 혼자 우리 남매 넷을 데리고 피난을 다니셨다고 하더니 이번엔 내가 남편도 없이 두 아이를 데리고 피난을 다녀야 하는 것은 아닐까 하는 두려움이 엄습했다.

먼 과거까지 거슬러 올라가지는 않더라도 우리 부모 세대는 일제강점기의 혹독한 탄압을 견뎌야 했고 뒤이어 일어난 6·25 전쟁 중에 태어난 우리 세대는 어릴 때부터 귀에 못이 박이도록 전쟁 이야기를 들으며 자랐다. 그뿐만 아니라 시시때때로 곧 전쟁이 다시 일어날지도 모른다는 공포감을 느끼며 살아야 했다. 그때마다 사람들은 전시를 대비하곤 했다. 슈퍼에 라면과 부탄가스가 동이 나고 많은 사람들이 생필품을 사재기하는 일이 벌어졌었다.

불안해하는 어린 조카딸을 달래 안심시켜 재우면서 나는 말할 수 없이 슬펐다. 이 어린 것의 마음에도 전쟁의 공포가 있구나. 천진난만, 세상을 아름답게 보아야할 어린것조차 마음 한구석에 늘 공포심이 도사리고 있구나. 이런 비극을 안고 살아야하는 나라가 또 어디에 있을까.

6·25가 일어난 지 어언 65년. 이제는 하도 오랜 기간 당하다

보니 안전 불감증이라고 해야 하나 북한이 연평도를 포격해도, 천안함을 폭파해도, 그들이 미사일을 발사하고 핵무기로 으름장을 놓아도 아무도 슈퍼마켓으로 달려가는 사람이 없을 만큼 전쟁공포에 무디어진 것 같다. 이것이 좋은 현상인지 아닌지 나는 잘 모르겠다. 다만 내가 바라는 것은—모두의 바람이기도 하려니와—하루속히 평화 통일이 이루어지는 것이다. 이제 막 세상으로 걸음을 내딛는 새싹처럼 귀한 우리 손자들만큼은 평화로운 땅에서 맘껏 뛰놀며 살게 하고 싶다. 밝고 신나는 세상, 구김살 없는 동심 속에서 살아갈 수 있는 그날이 오기만을 기다리고 또 기다린다.

(창작21 2016 가을)

잃어버린 가을

우수수 낙엽 흩날리는 계절이 끝나간다. 겨울의 시작이다. 긴긴 겨울 추위를 어찌 견딜까 염려하는 사람들의 소리도 들린다.

겨울아, 어서어서 깊어져라. 추워야 할 만큼 빨리 추워져라. 나는 추위를 많이 타지만 추위가 깊어질수록 생기가 난다. 왜일까. 추위가 기승을 부릴수록 봄이 가까이 다가오고 있음을 느낄 수 있기 때문이다. 죽은 듯 마른 듯 생기 없는 가지 속에서도 움터날 생명이 분주히 움직이는 소리가 들린다.

마찬가지로, 여름이 깊어질수록 가을이 가까이 오고 있다는 생각에 더위도 아랑곳하지 않는다. 서늘한 바람이 불고 코스모스가 지천으로 흐드러지게 피는 가을, 여행하기 좋은 계절이 가까이 오고 있음에 삼복더위쯤 불평 없이 견뎌낸다. 새파란 하늘

아래 떠다니는 구름처럼 자유롭게 이곳저곳 여행을 다닐 수 있다는 상상만으로도 행복한 계절이 바로 가을 아니던가.

수필가협회에서 이탈리아로 문학기행을 간다는 말을 처음 들었을 때가 한여름이었다. 10월에 떠나는 여행. 내가 가장 좋아하는 일이다. 춥지도 덥지도 않은 계절에 흉허물 없이 지내는 문우들과 함께 다니며 열흘간이나 이탈리아의 그 많은 유적지와 거장들의 작품을 볼 수 있는 절호의 기회다. 하지만 선뜻 나설 수가 없었다. 내 몸을 내가 잘 알기 때문이다. 무남독녀로 특별히 곱게 자란 것도 아니고 여섯 남매 틈에서 형편껏 살아왔는데도 내 몸은 왜 이리 까탈스러운지 모르겠다. 잠자리가 바뀌면 잠을 못 자고 음식이나 물이 바뀌면 배탈 나기 일쑤다.

그럼에도 나는 비교적 해외여행을 많이 했다. 언제나 남편과 함께였다. 그가 내 모든 것을 불편함 없이 미리미리 처리해주고 만약의 사태에도 책임을 져주니 아무 염려 없이 지구촌 이곳저곳을 여행했다. 하지만 이번엔 남편의 도움 없이 다녀야 한다. 그것도 짧지 않은 열흘이다. 만약 여행 도중에 병이라도 난다면 내 자신은 말할 것도 없고 일행을 힘들게 할 것이 뻔하다. 맘씨 고운 문우들이 도와줄 테니 함께 가자고 해서 몇 번을 용기 내어 가볼까도 했지만 아무래도 자신이 없어 포기하고 말았다.

우리 반 여학생(?) 아홉 명 중 여섯 명이 선생님과 함께 가기로 결정을 했단다. 못 가는 세 명 중 하나는 여름에 이미 그곳을 여행하고 왔으므로 다시 갈 필요가 없기 때문이고 다른 하나는 아직 돌볼 애들이 있어서 열흘이나 되는 시간을 낼 수 없어서다. 나는 여행하기에 최적의 조건을 갖고 있는 사람이다. 내가 돌봐야 할 애들이 있는 것도 아니고 시간에 쫓기는 일도 없을 뿐더러 남편이 옹졸해서 못 가게 하는 것도 아니다. 그럼에도 불구하고 스스로 포기해야 하니 얼마나 내 자신에게 화가 나던지 그때부터 우울해지기 시작했다. 나도 남들처럼 아무데나 머리만 대면 쿨쿨 자고 무엇이든 입속에 넣기만 하면 알아서 다 소화해 준다면 얼마나 좋을까.

엎친 데 덮친 격으로 다른 사람들이 여행을 떠날 즈음부터 나는 후두염에 걸려 목이 아파 말도 못하고 지냈다. 그런 상황에서 생각해보니 여행을 포기한 것은 잘한 일이었던 것 같기는 하다. 하지만 다른 사람들은 즐겁게 여행하는데 나는 몸까지 불편해서 병원 출입을 해야 하니 여간 슬픈 것이 아니었다.

동네 병원에 다녀도 아무 소용이 없어 큰 병원엘 갔다. 후두내시경도 찍고 CT 촬영까지 했다. 의사는 단순 후두염이니 크게 염려할 것 없다며 주의사항과 함께 두 달 치 약을 처방해주었다. 두 달 치! 내가 목소리를 회복하려면 앞으로도 두 달이 더 걸릴 수도 있다는 의미 아닌가. 그리고 주의사항 가운데 간호사가 빨간 동그라미를 서너 개나 쳐주며 강조한 것이 '가능한 한 말을 하지 말 것'이었다. 하기야 말을 하라고 해도 내가 목이 아파 말을 할 수 있는 처지도 아니었다.

아, 나를 두고 이탈리아로 떠나는 야속한 문우들. 속절없이 흘러가는 가을. 이 아름다운 계절에 입을 다문 채 침묵을 벗 삼아 수행하듯 지내야 하다니, 그것은 말하기 좋아하는 내게는 고문이나 다름없었다. 하고 싶은 말을 제때에 하지 못하는 것은 상상도 못했던 큰 스트레스였다.

참 이상한 것은 말을 안 하고 지내자니 얼굴의 표정도 사라지고 웃음도 사라지는 거였다. 남편을 볼 때도 멀뚱멀뚱했고 꼭 필요한 말은 필담으로 했다. TV를 볼 때도 소리를 내면 목이 아프니 웃지도 않게 되었다. 내가 말을 못하는 것을 알고 지인들은 전화도 삼갔고 어쩌다 걸려오는 전화는 모두 남편이 받아서 해결해 주었다. '침묵의 세계' 바로 그것이었다.

그 사이 여행을 마치고 돌아온 문우들은 더욱 가까워지고 자신들이 공유한 것을 이야기하느라 웃음꽃을 피우는데 나는 끼어들 수도 없잖은가. 이 외로움, 이 소외감이 더해지면서 내가 점점 더 우울모드로 기어들어가고 있음을 깨닫게 되었다. 이대로 내 자신을 버려두면 안 되겠다는 자각에 마음을 다잡는다.

그래, 이번 가을은 없었던 것으로 치는 거야. 이제 겨울에 들어섰고 이 겨울을 견디면 봄이 오게 되어 있잖아. 봄을 기다리자. 추위를 이겨낸 수많은 꽃들이 다시 제자리를 찾아 피어나듯 나도 본연의 명랑한 내 모습을 찾자. 그때가 되면 말도 자유롭게 할 수 있을 테니 그날을 기다리며 우울한 마음을 달래고 이 겨울 추위를, 이 고통을 의연히 견디어내자. 그래서 내년 봄에는 어디든 떠나보자. 이탈리아가 아니면 어떠랴. 이 지구 위 그 어느 곳이라도 내가 갈 수 있는 곳으로 가보자. 배낭을 메고 가벼운 운동화를 신고 어디든 가는 거야. 아무리 황혼이라지만 아직은 내 보디가드로는 손색이 없는 남편의 손을 잡고 어디든 가는 거야.

이럴 땐 함박눈이라도 펑펑 쏟아져주면 좋으련만….

(2017 한국수필 대표선집 ≪사람, 집, 그리고 길≫)

꽃보다 예쁜 만남

사람은 한생生을 살아가면서 언제 어디서 누구를 만나게 될지 모른다. 이 작은 지구 위에 70억 명이 산다고 했던가. 우리가 백 년을 산다고 가정했을 때 그 가운데 만나서 알고 지내는 사람이 도대체 몇 명이나 될까. 친한 사이까지는 아니더라도 이름이라도 알고 인사라도 나누는 사이, 아니 그냥 옷깃을 스치는 인연이 아무리 숱하다 한들 70억이라는 숫자와 비교하면 턱없이 적은 수에 불과하다. 그래서 모르던 너와 내가 만나 부부를 이루는 일은 말할 것도 없거니와 어떤 연유로든지 만나서 함께 마음을 나누며 산다는 것은 참으로 소중한 일이 아닐 수 없다.

내 가치관이 형성되어 가던 어느 시점부터였을까, 누군가의 영향을 받고 무슨 책을 읽고 깨달았는지는 모르겠다. 인간이 살아가는데 가장 중요한 주제는 사람과 사람 사이의 만남, 인연, 그리고 이어지는 좋은 관계라는 생각을 하게 되었다. 소극적인 성격 탓에 모르는 사람에게 먼저 다가가 선뜻 손을 내밀거나 말문을 트지는 못한다. 하지만 일단 마음을 주고받을 수 있는 사이가 되면 그때부터는 그 사람과의 인연을 소중히 여기고 무슨 일이 있어도 신의를 지키려 노력한다.

어릴 땐 특별한 의도가 없어도 자연스레 한 학교, 한 학급에서 배우면서 또래 친구가 되었다. 대학을 다니면서는 같은 공부를 한다는 친밀감으로 수년 간 한 캠퍼스에서 공부하며 쌓인 정이 평생을 간다. 아이들을 키울 때는 같은 학교에 다니는 자녀를 둔 어미라는 공통분모로써 자연스럽게 관계가 형성되고 좋은 친구가 될 수 있었다. 이제는 아이들도 독립해서 제 갈 길을 찾아 나갔고 다정히 지내던 아파트의 이웃도 자주 바뀐다. 그러다 보니 "백화점 세일 한다는데 같이 갈래?" 하며 문을 두드릴 수 있는 친구가 어느 날부턴가 내 곁에 남아있지 않음을 알게 되었다. '저녁을 먹은 후 그냥 차 한잔하고 싶어서 왔어.' 라고 말할 수 있는 지란지교는 꿈도 꾸기 어려운 세상이 되었다

그러면 인생의 황혼 길에서 이야기 벗도 없이 외로이 늙어가야 하는 것일까. 아니다. 이럴 때 같은 취미로 모인 교실에서 만나는 친구들과의 사귐이 우리에게 이 나이까지 경험해보지 못한 아름다운 빛을 선사해 준다. 그 빛은 우리의 연륜에 따른

너그러운 품성으로 얼마든지 환하고 풍성하게 만들어갈 수 있는 특징이 있다.

지난봄 한 문우의 집을 방문했다. 시골 생활에 목말라 하면서도 서울을 떠나지 못하는 나를 안타깝게 여겼던 것일까, 그는 서울 근교, 텃밭이 함께 분양되는 아파트에 산다며 우리 내외를 초대해 주었다. 관악산 끝자락 아담한 아파트와 텃밭을 보고 감탄하는 내게 씨앗이 막 발아하기 시작한 작은 화분 두 개를 주었다. 하나는 여주이고 하나는 내가 너무나 좋아하는 나팔꽃이라 했다. 이제 막 싹이 텄을 뿐이지만 내 마음속에서는 이미 우리 집 베란다를 수북이 덮은 여주와 햇볕 쪽으로 얼굴을 두고 피어난 나팔꽃들을 볼 수 있었다. 무슨 색일까, 내가 좋아하는 진분홍일까 아니면 남색, 보라색? 아무래도 좋았다.

집에 오자마자 베란다 높은 곳을 따라 대각선으로 줄을 연결하고 영양분 듬뿍 준 큰 화분으로 옮기고 하루빨리 자라기를 기다렸다. 화초에는 별 관심 없던 남편도 귀한 선물이라 여겼던지 시키지도 않는데 열심히 물을 주고 넝쿨이 줄을 잡을 수 있도록 도와주었다. 심지어는 벌이나 나비가 날아들지 않아 수정이 안될지도 모른다며 작은 붓으로 수정을 돕기까지 했다. 그런데 이게 어쩐 일인가. 줄기를 뻗어나갈 때쯤 보니 두 나무가 전혀 다르지 않았다. 결국 두 나무 모두 여주였고 올여름 나팔꽃이 만개한 내 베란다 정원은 그저 꿈에서 본 것으로 돌릴 수밖에 없었다.

여주는 베란다의 열악한 환경에서도 서너 개의 열매를 맺었다. 제 딴에는 가을이 옴을 느꼈는지 온몸이 주황으로 물들고 어느 날 드디어 하나씩 앙다물었던 입을 열고 여름내 키워온 새빨간 루비를 보여주며 웃었다. 나는 사진을 찍어 그 문우에게 보내며 감사의 말과 함께 떼를 썼다. 올해 나팔꽃을 보게 해준다던 약속을 못 지켰으니 어쩌겠느냐고, 대신 내년에는 나팔꽃 색깔 별로 여러 모종을 달라고 했다. 나보다 연배가 높은 그분은 내 큰오라버니처럼 푸근한 웃음으로 고개를 끄덕이셨다.

문학교실에 모이는 사람들은 문학에 관심이 있고 문학을 좋아한다는 공통점 하나로 그간 살아온 세월의 다양함을 덮을 줄 안다. 아무런 조건도 따지지 않고 글을 통해 자신을 드러내고 글을 통해 상대방을 이해하며 만남을 소중히 이어나간다. 나는 이런 특별한 인연으로 맺어진 우리 문학반의 문우들이 참 귀하고 좋다. 대부분 황혼을 앞에 두고 삶의 가치가 엇비슷한 우리들의 만남이야말로 소중하고 귀해서 언제까지나 변함없이 간직하고 싶다.

그 문우 덕에 내년에는 우리 베란다에 가지각색 나팔꽃이 피어날 것이다. 생각만 해도 배시시 웃음이 새어나온다. 아름답게 피어날 나팔꽃과 나의 인연 또한 그냥 한 철 피었다 사라지는 것이 아니다. 사람과 사람 사이 관계의 줄 위에서 피어날 것이

므로 나팔꽃 역시 내게는 소중한 추억이 되어 오래도록 내 마음밭에 활짝 피어 남아있으리라. 줄기를 뻗어 서로 의지하며 꽃을 피워내는 나팔꽃 같은 문학반 문우들과의 만남, 사귐, 우정, 나눔. 이 모든 것이 어쩌면 남은 생에서 가장 소중하고 아름다운 인연이라 말할 수 있음이 기쁘다. 내 삶에서 받아 누린 숱한 축복에 더해지는 또 하나의 축복을 소중히 가슴에 새긴다.

(2015. 12.)

뒷담화의 끄트머리

새벽 공기가 차다고 느끼기는 했었다. 결국 감기, 그중에도 목감기다. 목이 잠기기 시작했다. 한데 그날 문학기행에서 나는 마음 맞는 문우의 옆자리에 앉게 되었고, 이 얼마나 좋은 기회인가 싶어 그간 마음속에 있던 말을 쉬지 않고 해댔다. 세상 돌아가는 이야기로 시작된 대화는 결국 우리 둘이 공통으로 알고 있던 사람들에 대한 뒷담화로 발전해 갔다.

프란치스코 교황은 ≪뒷담화만 하지 않아도 성인이 됩니다≫라는 책을 펴냈다고 한다. 교황청에서 교황님 주변을 둘러싼 많은 분들, 우리가 생각하기엔 성스럽기 그지없을 것 같은 그분들도 범상한 우리네와 다름없이 다른 이들에 대한 이야기를 도대체 얼마나 많이 하길래 이런 글을 쓰셨을까? 그것이 신기한 한편 이런 책이 세상에 나올 정도로 다른 사람들 역시 나와 다름없이 남의 이야기를 많이 한다는 것에 큰 위로를 받았다.

그날도 이야기를 하다 말고 "어머, 어쩌냐. 또 남의 이야기를 하고 있네. 그런데 여기서 끝낼 수는 없잖아. 에이, 모르겠다. 오늘만 성인 안 하지 뭐." 하고서는 그간 내 맘을 불편하게 했던 사람들에 대해 하소연하듯 뒷이야기를 해댔다. 문제는 그 다음이었다. 즐거운 여행을 끝내고 집에 돌아와 남편에게 귀가를 알리려는데 목이 꽉 잠겨 말이 나오지를 않는 거였다. 말이 목구멍을 넘어오지 않는 것, 상대방과 대화를 할 수 없다는 것이 얼마나 불편한 것인가를 전에는 생각해본 적도 없었다. 내과를 며칠 다녔으나 목소리가 나올 생각을 하지 않았다. 혹시 성대 결절이라도 생긴 것 아닐까 싶어 이비인후과를 찾았다. 사실 나 혼자 일방적으로 몇 시간 떠든 것도 아니고 서로 맞장구쳐가며 이야기한 정도로써 성대 결절이 왔다면 우리나라 아낙네들 중 성대 결절에 걸리지 않을 사람은 없으리란 것이 나의 궁색한 변명이다. 어쨌건 난생처음 이런 일을 당하고 보니 겁이 났다. 한데 내과에서도 이비인후과에서도 별로 심각하게 생각지 않는지 의사들은 그냥 사나흘 치 약을 처방해줄 뿐 다른 말은 하지 않았다.

말수 적은 남편과 사느라 나는 집안의 화목한 분위기를 위해 아낌없이 떠들며 살았는데 내가 입을 다물고 지내자 우리 집은 고요한 절간과 다름없는 상황이 되었다. 말을 할 수 없는 나보다 재잘대는 아내에게 익숙해 있던 남편이 이 고요함에 더욱 적응하기 힘들어했다.

혼자 묵상하는 시간에 조용히 그리고 깊이 생각해 보았다. 왜 이런 시간이 내게 주어진 것일까. 마음속에 집히는 것이 있다. 입만 열면 제 자랑, 아니면 남의 뒷이야기나 해대는 나를 하나님이 보시기에 얼마나 한심스러우셨을까. 잠시 입을 다물고 너 자신을 돌아보라는 의미에서 내게 이런 강제적인 침묵의 시간을 주셨다는 생각이 들었다. 그러고 보니 최근 들어 내가 유난히 말을 많이 했다는 생각이 들었다. 그것도 다른 사람을 유익하게 하는 덕담이 아니라 순전히 내 스트레스를 풀기 위한 불필요한 말들을 너무 남발했다는 데에 생각이 이르렀다. A에게는 B의 이야기를 했고 C에게는 D의 이야기를 했다. 말이야 '이야기를 했다.' 라고 하지만 사실은 농담을 반쯤 섞어가며 불편했던 심기를 표출했다는 것이 더 진실에 가깝다. 사실이 아닌 이야기를 한 것도 아니고, 대화 상대에게 모두 듣고 잊어버리라 단속까지 해가면서 말했고, 듣는 이들도 걱정 말라며 추임새를 열심히 넣어주며 내 흥을 북돋아주었으니 얼마나 감칠맛이 났을까. 내가 '없는 데서 남 이야기하면 안 되는데 어쩌지.' 할 때마다 마음씨 고운 그들은 '에고 어때서요. 사람 사는 게 다 그런 거죠, 뭐. 그냥 사는 이야기일 뿐인 걸요.' 하며 나를 응원해주었다.

혼자 반성하며 앉아 있는데 수십 년도 더 전, 학교 다닐 때

배웠던 시조 한 수가 떠올라 입속을 맴돈다.

> 말하기 좋다 하고 남의 말 말을 것이/ 남의 말 내 하면 남도 내 말 하는 것이/ 말로써 말 많으니 말 말을까 하노라.

아, 어쩌면 그 옛날에도 사람들의 행태는 이리도 같았을까. 그렇지 않다면 이런 시조가 쓰여 오늘날까지 내려올 수 없었을 테니 말이다. 구구절절 옳은 말씀이다. 말이란 것이 참 이상해서 하다 보면 덧붙여지게 되고 옮겨 가면서는 그 몸을 제어할 수 없이 불리기도 한다. 또 어딘가에서 꼬이기 시작하면 걷잡을 수 없이 사람 사이를 힘들게 하면서 더욱 많은 말을 하게 만든다.

내가 다른 사람들의 뒷이야기를 하는 것처럼 다른 누군가는 나에 대해 같은 행동을 할 수도 있음이 아닌가. 다른 사람들이 나에 대해 뒷담화하는 것을 원치 않는다면 나 또한 같은 짓을 하지 말아야 하는 것이리라.

벌써 한 달째, 아직도 말하려면 힘들고 목이 아프다. 그분 보시기에 내 반성이 아직 끝나지 않았나 보다. 따뜻한 물로 대여섯 개 알약을 삼키며 결심한다. 그래 앞으로는 교황님 말씀처럼 성인이 되어 보자. 그놈의 뒷담화만 안 해도 될 수 있다는 성인 좀 되어 보자. 작심삼일 그런 것 말고 이 결심은 쭉 이어가자. 나도 이제 나잇값 좀 해야겠다. (2015. 11.)

왕좌王座

나는 왕王이었어요. 내가 앉는 곳은 왕좌였구요.

엄마 배가 너무 커져서 품에 안길 수 없게 되었어요. 동생이 세상에 나올 거래요.

오랜만에 외할머니가 오셨어요. 엄마는 내게 병원에 다녀오는 동안 할머니 말씀 잘 듣고 있으라고 했어요. 전에는 병원에도 늘 데리고 다니더니 엄마가 이상해졌어요. 눈물이 찔끔 났지만 외할머니 치맛자락에 쓱 닦고 손을 흔들었어요. 엄마도 찔끔 눈물을 닦으며 아빠를 따라 둥싯둥싯 나갔어요.

저녁을 먹고 나서 외할머니가 밀어주는 유모차를 타고 엄마한테 갔어요. 엄마는 정말 많이 아픈가 봐요. 울먹울먹 엄마 품에 안겼어요. 엄마도 울먹울먹 나를 꼭 안아주었어요.

유리창 안에 아주 쬐끄만 아기가 있었어요.

"네 동생이야, 예쁘지?"

"동생이 생겨서 좋지?"

어른들은 내 마음도 몰라요.

밤에는 엄마가 더 많이 보고 싶어져서 울었어요. 세상에 태어나 엄마 없는 밤은 처음이었으니까요. 할머니는 '에구 가여운 녀석' 하면서 나를 업어주셨어요. 내가 왜 귀여운 녀석에서 가여운 녀석이 되었을까요?

열 밤 자고 엄마가 집에 왔어요. 유리창 속에 있던 아기를 엄마 품에, 나만의 세상이던 엄마 품에 안고요. 우리 엄마가 왜 그 아기를 안고 왔는지 겁이 나서 울었어요, 큰 소리로요. 내가 할 수 있는 만큼 입을 크게 벌리고요.

할머니도 아빠도 모두 미웠어요. 왜 엄마를 말리지 않았을까요. 그 아기는 그냥 유리창 속에 두고 오자고요.

엄마가 아기를 포대기에 눕히고 나를 끌어안았어요. 나는 무언가 불안해서 엄마에게 달려들어 목을 끌어안고 울면서 사랑을 고백했어요.

"그래, 그래 아가야 울지 마, 엄마도 세상에서 너를 제일 사랑한단다." 엄마가 내 등을 토닥여주며 말했어요. "그런데 이것 봐 엄마 배가 작아졌지? 엄마 뱃속에 있던 네 동생이야. 너도 엄마 뱃속에서 나왔을 땐 이렇게 쬐끄만 아기였단다. 엄마랑 같이 이 아기 사랑해주자, 응?"

엄마 품 폴폴 젖 냄새에 마음이 가라앉았어요. 엄마 무릎에 앉아 아기를 내려다보았어요. 새근새근 자는 아기, 엄마 말씀대로 사랑해 주어야겠지요? 아기가 갑자기 울기 시작했어요. 엄마는 아기에게 젖을 먹여야 한다고 나를 무릎에서 내려놓았어요.

그렇게 그날 나는 왕좌에서 내려와야 했어요.

(2012. 7.)

마흔 번째 카드

아침 일찍 일어나 베란다로 향한 거실 문을 연다. 5월 마지막 주, 떠오르는 햇살에 실려 상쾌한 공기가 밀려들어온다. 봄날 아침이 주는 신선한 향기가 코끝을 스치고 베란다에 가득 피어난 꽃들의 소리 없는 미소에 마음이 즐거워진다. 빨강과 분홍의 제라늄, 종이로 접어놓은 듯한 부겐빌레아, 몇 달째 쉬지 않고 계속해서 꽃을 피워내는 베고니아, 고고한 자태의 시클라멘, 그리고 어버이날이라고 애들이 사다 준 카네이션까지. 늘 하듯이 사랑스런 베란다 정원에 들어서서 꽃들과 아침인사를 나눴다.

내 방으로 들어와 컴퓨터 앞에 앉으려는데 책상 위에 봉투가 두 개 놓여있다. '사랑하는 수옥에게', 남편의 글씨다. 어제까지 무심한 듯 있더니 잊지 않고 결혼기념일을 챙겨주는 남편. 결혼

기념일엔 꼭 현금을 봉투에 넣어준다. 평소 가난한 남편 만나 절약하고 사느라 고생한다며, 일 년에 한 번쯤은 쓰고 싶은 일에 마음 놓고 쓰라는 뜻이란다. 그리고 또 하나의 봉투, 결혼기념일 축하카드다. 책상에 앉아 남편이 마흔 번째 주는 카드를 읽었다. 40년! 참 긴 세월이다. 그리고 보니 대학 4학년 가을학기, 캠퍼스 C관 강의실에서 처음 그를 본 것이 42년 전이었다. 그날의 기억이 이렇게 생생한데 벌써 결혼 40주년이라니 세월이 유수流水 같다는 말이 새삼 실감났다.

꿈이 많듯 고뇌 또한 많았던 스무 살 안팎의 4년, 꽃봉오리같이 싱싱했던 젊음을 강의실과 실험실, 도서관을 드나들며 지식에 대한 열정으로 불태우던 4년의 마지막 학기에 나는 그를 만났다. 마치 태초부터 정해져 있던 운명처럼 그렇게.

9월 학기가 시작되던 날이었다. 아직 늦여름이 물러갈 생각을 않는 건지 무더웠던 그날, 강의실 창밖으로 보이는 C관 앞 꽃밭에는 샐비어가 마지막 정열을 불태우듯 질리도록 빨갛게 정염을 토해내고 있었다. 호기심 많은 스무 살 남짓의 여대생들은 새로 맞이할 강사가 누구일까 이야기꽃을 피우고 있었다. 새 소식에 빠른 아이들이 말했다. 미국의 유수한 대학에서 공부를 끝내고 지난 학기 S 대학에 부임해 온 젊은 교수라고 말이다. 하지만 졸업 후의 거취를 고민하던 내게는 아무 의미 없는 이야기라서 나는 무심히 듣고만 있었다.

"화학과 4학년 맞죠?"

더위 탓에 문을 열어놓은 강의실로 그가 들어왔다. 키는 크지 않았으나 준수한 용모는 한눈에 학자임을 알게 해주었다. 금테 안경을 쓰고 있었고 검은 정장차림에 미소 띤 얼굴이었다. 오후의 열기를 머금은 햇살이 어느새 강의실 깊숙이 들어와 있었다. 교수가 절대적으로 부족하던 시절 새 학기마다 많은 강사들을 맞이했으나 머릿속에 첫 만남의 장면이 특별히 남는 경우는 없었는데 어쩌면 그날의 정경은 이다지 생생한지 모르겠다. 하지만 거기까지였다. 졸업 후 여학생 대부분이 결혼을 택할 수밖엔 없던 시절, 나는 결혼에는 관심이 없었다. 어릴 때부터 지녀왔던 꿈, 그야말로 청운의 푸른 꿈을 어떻게 펼쳐나갈 수 있을까 온통 그 일에만 관심이 쏠려 있었다.

"얘, 그 선생님 총각이래."

등굣길에 만난 친구들은 그 사람이 총각이라는 사실에 몹시 들떠서 이야기했다. 속으로 혼자 웃었다. 며칠 전 중간고사 시간에 작성한 답안지를 제출하려다 문득 창가에 서있던 그 사람에게 시선이 갔다. 왜 그랬을까, 무심히 '저 사람의 부인은 어떤 사람일까.' 하는 생각이 잠깐 스치고 지나갔었는데 총각이란다. 그리고 이번에도 그것이 다였다. 내 앞길과는 아무 상관없는 강사가 총각이건 아니건 아무 관심도 느낌도 없었다.

대학원 입학이 결정되고 졸업식을 맞았다. 조금 특별한 졸업생이었던 탓에 몇 번 단상을 오르내리느라 맨 앞좌석에 앉아있던 나는 졸업식이 끝나자 친구들과는 다른 출구를 통해서 강당을 나왔다.

"축하합니다!"

그 사람이 밖에서 나를 기다리고 있었다. 대학원 진학을 위해 몇 번 만난 적은 있어도 그가 나를 축하해 주기 위해 졸업식에 왔을 것 같지 않아 의아했다. 아마도 친척 중 누군가가 졸업하는데 왔다가 우연히 나를 만난 것인가 보다 생각했다. "아닙니다. 수옥 양의 졸업을 축하해 주러 왔습니다." 뜻밖이었다. 그는 예쁘게 포장된 선물을 주며 악수를 청했다. 추위와 긴장으로 꽁꽁 언 내 손과는 달리 그의 손은 따뜻했다. 그 따뜻함과 안온함이 내 평생을 이끌어 주리라고 그때는 생각조차 할 수 없었다. 하지만 이번에는 내 손을 잡은 그 사람의 존재에 무심할 수 없었다. 심장이 요동치고 얼굴이 화끈거렸다. 강당의 앞문을 통해 나왔기 때문에 다행히 친구들이 주위에 없어서 나는 그 행복한 비밀을 나 혼자만의 것으로 간직할 수 있었다. 집으로 돌아오는 발걸음이 새털처럼 가볍고 무언가 모를 환희가 가슴 가득 차올랐다.

그 해는 경부고속도로가 개통된 지 2년째 되던 해였다. 주말이면 관광버스를 타고 시원하게 뻗은 고속도로를 달려 아름다운 자연으로 나가는 것이 우리들의 데이트였다. 자동차도 많지 않고 승용차는 더더욱 없던 시절이라 고속도로를 달리는 일은 일상에 힘들었던 일들을 시원하게 날려 보낼 수 있는 멋진 일이었다. 관광지에도 사람들이 지금처럼 붐비지 않았고 자연은 태어난 그대로의 모습을 간직하고 있었다.

시험 기간이면 책을 들고 고궁 벤치에 앉아 모르는 것들을 배웠다. 그는 내게 훌륭한 개인교사였다. 정식으로 그의 강의를 듣게 된 대학원 두 번째 학기에는 일주일에 한 번씩 그의 연구실에 갔다. 다른 대학의 학생들 세 명과 함께 듣는 수업은 마침 토요일에 들어있었고 수업이 끝나면 우리 두 사람은 자연스레 밖으로 나가 데이트를 즐겼다.

시간이 흐를수록 우리의 사랑은 깊어갔다. 그는 나를 소중히 아껴주었고 나는 그를 무한히 존경하며 따랐다. 사랑하게 되면 모두 나 같은 생각을 하게 되는 것일까, 세상에 그 사람처럼 좋은 사람은 없는 것 같았고 나처럼 행복한 사람 또한 없을 것 같았다. 졸업식장에서 나를 기다리던 그날 이후 그는 내 머리와 가슴과 심장에 박혀버린 듯, 한순간도 내 의식에서 떠나지 않았다. 아침에 눈을 뜨면서부터 하루 온종일, 그리고 밤이 되어 잠자리에 들 때까지 내 머릿속은 그의 생각으로 가득 차 있었다. 눈을 뜨고 있는 동안에는 늘 마음속에서 그와 대화를 나누고 잠이 들면 행복한 꿈속에 그의 손을 잡고 있었다.

다음 해 5월 마지막 주 토요일, 눈부시게 화창하던 날 나는 새하얀 웨딩드레스를 입고 성스런 교회당에서 그의 곁에 섰다. 내 나이 만 스물셋이었다. 그리고 어느새 함께 살아온 세월이 40년이나 되었다. 얼마나 긴 세월인가. 그 시간 동안 힘들고 고달프고 때로는 어려운 일들도 많았지만 그의 강한 손에 내 여린 손을 맡기고 살아온 세월, 그의 믿음직한 등 뒤에서 비바람을 피하며 살아온 세월이 감사하다. 싱싱했던 나뭇잎이 한여름 더위와 비바람을 견딘 후 가을이 되어서야 고운 빛깔의 단풍이 되는 것처럼 우리도 젊었기에 치러야 했던 모든 힘든 일들을 끝내고 이제 인생의 연륜이 쌓인 모습으로 오늘 나란히 황혼을 마주하고 섰다. 앞으로 얼마나 많은 날들을 함께할 수 있을지 우리는 모른다. 그러나 걱정하지 않는다. 오늘은 우리 남은 생에서 가장 젊은 날이 아닌가. 오늘도 떠오르는 태양과 함께 감사함으로 눈을 뜨고 열심히 사랑하고 기쁨으로 하루를 마감한다.

나도 준비해 놓았던 분홍 카드를 꺼내 감사의 글과 함께 아름다운 시 한 편을 써서 그이가 일어나기 전에 가만히 그의 책상에 놓아주었다.

(2013년 5월 26일 결혼 40주년 기념일에)

3부

도라지 꽃밭의 소녀

노란 매버릭을 추억하며
무엇이든 큰 나라
빨간 코트
슈퍼문이 뜨던 날의 단상
빈貧에도 부富에도
시내 산의 그 여인
도라지 꽃밭의 소녀
그 여행의 에필로그
평창에서 꿈을 꾸다
또 하나의 가을 이야기

노란 매버릭을 추억하며

아침 일찍 일어나 TV를 켜니 '평창 동계올림픽 유치'로 온 나라에 기쁨이 넘치는 모습이 방영되고 있다. 작지만 대단한 나라, 나의 조국 대한민국에 대한 자긍심에 가슴이 벅차오른다. 동시에 1970년도 후반에 처음으로 미국에서 살던 때 겪었던 일들이 떠올라 격세지감을 느끼며 기쁜 마음으로 하루를 시작한다.

우리가 1년간 머물 도시로 가는 도중에 들렀던 남편의 친구와 친척들의 집은 우리나라의 집들과는 달리 호화로웠다. 온 집안에 깔린 카펫부터 멋진 가구와 실내장식, 가끔 외국 잡지에서 보던 그대로인 것이 신기했다. 그 정도까지는 아니라 해도 우리가 살던 한국의 열아홉 평짜리 아파트보다는 훨씬 좋은 집에 살

것이라고, 미국생활이 처음인 나는 멋모르고 잔뜩 기대하고 있었다. 또한 당시에 우리나라에서는 아주 부자들만 소유하고 있던 자가용도 가질 수 있으리라는 기쁨에 부풀어 있었었다.

우리가 살 집에 도착했다. 넓은 잔디밭과 나무들이 울창한 주변은 아름답고 이국적이었으나 우리 집은 카펫도 에어컨도 없었으며 전혀 호화롭지 않았다. 주로 유학생이나 연구원, 또는 우리 같은 방문교수들에게 세를 놓는 오래된 아파트로 가구들도 아파트의 나이만큼 오래되어 볼품없는 것이 나의 기대를 단번에 무너뜨리기에 충분했다. 급한 대로 이것저것 준비를 해나갔다. 이제 자동차만 사면 미국에서의 생활을 시작해 나가는 데 큰 불편은 없으리라.

일 년만 살고 한국으로 돌아가야 하는 우리는 새 차를 살 필요가 없을 뿐 아니라 여러 가지 이유로 절약하면서 살아야 했다. 남편은 주변 유학생의 소개로 공부를 마치고 귀국하는 사람이 내어놓은 노란색 매버릭을 아주 싼 값에 샀다. 자가용이 생겼다는 기쁨도 잠시, 이 차는 에어컨도 오디오 시설도 갖추고 있지 않았다. 지금 같으면 에어컨이 없는 차는 상상도 못하겠지만 그때는 미국처럼 부유한 나라에도 그런 차를 타는 사람들이 있었다. 그래도 우리 형편에 한국에서는 상상도 못하는 자가용이 있다는 것만으로도 행복해서 애지중지 아끼고 사랑해 주었다. 그 차는 우리 세 식구의 발이 되어 식료품점으로, 교회로,

공원으로 우리가 원하는 곳은 어디든 늘 우리들을 태우고 다니는 아주 말 잘 듣고 착한 우리의 보물단지가 되었다.

그 여름을 정착하느라 바쁘게 보내고 나니 어느새 우거진 숲이 단풍으로 물드는 아름다운 가을이 되었다. 일 년이라는 짧은 시간을 아끼는 중에도 세월은 쉬지 않고 흘렀다. 나뭇가지마다 풍성한 눈꽃과 때로는 얼음 꽃을 피우던 겨울을 지나 온 천지에 아름다운 꽃이 피고 이름도 모르는 새들이 시끄럽게 재잘대는 봄이 왔다. 그리고 나는 둘째 아이를 임신했다.

그날은 미시간에 살던 나의 대학 동창 내외가 부활절 휴가에 시간을 내어 우리 집에 놀러 오겠다고 한 날이었다. 입덧이 심해 음식을 만드는 일이 어려웠지만 졸업 후 오랜만에 만나는 친구를 위해 간단하게나마 식사 준비를 하다가 과일이 준비되어 있지 않은 것이 생각났다. 남편에게 '허니듀 멜론'이라는 과일을 사오라고 심부름을 보냈다. 다른 때 같으면 세 식구가 함께 갔겠지만 몸이 성치 않은 나는 집에 있고 남편이 네 살 된 딸만 데리고 갔다.

미국은 나라가 크고 잘사는 것도 신기했지만 날씨의 변덕스러움 또한 우리나라에선 경험해보지 못했던 엄청난 것이었다. 남편이 차를 몰고 나갈 때는 멀쩡하던 하늘이 갑자기 어두워지더니 천둥 번개가 치고 소나기가 쏟아지는 것이 아닌가. 워낙 땅 덩어리가 크기 때문일까, 천둥 번개도 무서울 만큼 엄청났고 비 또한 마치 하늘에서 누군가 양동이의 물을 한꺼번에 쏟아 붓는 듯했다. 갑자기 마음이 불안해졌다. 침착하긴 해도 운전이 아직 서툰 남편이 이 빗속을 어찌 헤치고 올까. 시간이 흘러 충분히 돌아올 시간이 지났는데도 오지 않으니 불안과 초조는 더해갔다. 우산을 들고 밖으로 나가 아파트 입구를 살폈다. 한참을 기다려도 오지 않는다. 다시 집으로 들어가 마음을 진정시키며 기도했다. 불길한 생각이 들어 도저히 그대로 있을 수가 없어 다시 밖으로 나왔다. 한참을 기다리니 어둠 속에 차 한 대가 들어오는데 전조등이 하나만 켜져 있는 외눈박이였다. 설마…. 좀 더 가까이 다가오는데 보니 우리 차였다. 그 예쁘고 사랑스런 매버릭이 한쪽 눈을 잃고 애처로운 모습이 되어 있었다.

교차로에서 브레이크를 밟았는데도 갑작스런 소나기로 길이 미끄러워 앞차를 살짝 들이받았단다. 아주 살짝. 그러나 조심해서 타면 된다고 보험에 들지 않았던 남편은 일 년치 보험료도 훨씬 넘는 돈을 앞차의 수리비로 내주어야만 했다. 그래도 자신은 눈을 하나 잃을 만큼 다쳤으면서도 남편과 딸을 무사히 지켜주고 귀가한 우리 차가 기특하고 고마웠다.

정해진 1년이 다되어 귀국할 때 무엇보다 그동안 우리 가족을 위해 애써준 노란 매버릭과 헤어지는 것이 아쉬웠다. 후배에게 잘 돌봐달라고 그 녀석을 맡기고 돌아서며 마음속으로 작별인사를 했다.

그로부터 35년이 지난 지금 우리나라의 자동차 공장이 미국뿐만 아니라 중국과 러시아에도 세워졌고 한국산 자동차가 세계 각국의 도로를 누비고 있다. 어디 그뿐인가. 평창 동계올림픽을 유치함으로써 세계적으로 규모가 큰 4대 국제대회를 모두 개최하는 몇 안 되는 나라 중 하나가 되었으니 어찌 감격스럽지 않을까. 에어컨도 없고 멋진 새 차는 아니었어도 우리 가족의 첫 미국생활에 함께했던 노란 매버릭이 오늘 하루 종일 눈에 밟힌다.

(좋은문학 2015 통권 61)

무엇이든 큰 나라

지금 생각해도 웃음이 난다. 사람의 가슴에 그런 것을 걸친다니 그때는 정말 믿기지 않았다.

남편을 따라 처음으로 미국에 가서 생활하게 된 것은 1977년 여름이었다. 난생처음으로 타국, 그것도 세상에서 가장 부자나라 미국에 간다는 것에 스물일곱 어린(?) 나는 참으로 마음이 설렜다. 지금이야 TV에서 여행 프로그램도 수시로 방영해주고 원하면 얼마든지 자유롭게 관광을 다닐 수 있다. 하지만 그때만 해도 아직 가난하던 우리나라는 해외여행이 자유화되어 있지도 않았고 여행에 대한 지식을 얻는 것이 그리 쉬운 일이 아니었다. 특히 아메리칸 드림이라는 말이 생겨날 정도로 미국에 대한 환상을 안고 이민을 떠나는 이들이 많던 시기였다. 그러니 내 머릿속에는 본 적도 없는 미지의 땅에 대한 동경으로 가득차서 이것저것 상상하며 마냥 꿈에 부풀 수밖에 없었다.

남편이 졸업한 일리노이 대학은 시카고에서 세 시간 남쪽으로 내려간 어바나-샴페인 두 마을에 걸쳐 있는 매우 큰 대학이었고, 남편은 첫 번째 안식년 동안 그곳에서 연구교수로 지내기로 했던 것이다. 남편이 미리 주선해 놓은 조그만 아파트에 가방을 풀고 나그네 생활을 시작했다. 우리가 살 집에 들어가면서는 살짝 실망하기도 했다. 그곳까지 가면서 들렀던 지인들의 집에서 보았던 멋진 침실과 영화에서나 보았던 로마 황제들이 사용하던 것 같은 원형 욕조, 새파란 잔디가 깔린 널찍한 뜰. 어리보기였던 나는 우리도 미국에 사는 동안에는 당연히 그런 집에서 살게 되는 것인 줄 알았다. 무지의 소치, 착각이었다. 우리는 나그네였다.

다음날부터 큰 나라에 대한 실감을 하며 미국생활이 시작되었다. 지금 우리나라에는 수많은 대형 마트가 있으나 동네 골목시장이 전부였던 당시, 그로서리스토아라고 불리는 엄청나게 큰 식료품점에 들어서면서 내 눈이 휘둥그레졌다. 초대형 미국에 대한 숱한 경험의 시작이었다. 조그만 장바구니가 아닌 웬 수레만큼 큰 카트를 끌고 다니는데 카트에는 데리고 온 아이들을 앉힐 수도 있었다. 신기한 마음으로 나도 딸아이를 카트에 앉히고 반찬거리를 고르기 시작했다. 생전 처음 보는 채소들도 많았다.

오이와 가지가 있었다. 오이도 가지도 가늘고 길쭉하니 날씬한 것들만 보아왔던 나는 깜짝 놀랐다. 오이는 뚱뚱해서 하나만 사도 거짓말 조금 보태 열 명이 먹을 냉국을 만들 수 있을 만큼 컸다. 가지의 모습도 가관이었다. 나는 중학교에 입학해 처음으로 영어를 배울 때 왜 길고 날씬한 가지를 에그플랜트(eggplant)라고 부를까 하고 의아하게 생각했었다. 그런데 그날 가지를 하나 집어 들면서 그 의문이 풀렸다. 가지는 짧고 뚱뚱했다. 달걀이라는 이름과 결부시키는 것이 그리 이상하지 않을 정도였다.

무엇보다 사람들이 컸다. 나는 한국 여자들 중에는 상당히 큰 키인데다 계집애가 너무 크다는 이야기를 하도 많이 듣고 자란 탓에 무의식중에 어깨를 웅크리고 다녔었다. 하지만 미국에 가니 키가 큰 것이 그렇게 좋을 수가 없었다. 키 큰 서양 여자들 틈에 서도 기가 죽지 않았다. 놀라운 것은 그들은 키가 큰 것 못지않게 비만인 사람들이 많다는 것이다. 어떻게 저런 몸을 끌고 다닐 수 있을까 의아할 정도로 덩치 큰 사람들이 거리에 넘쳐났다.

어느 날 아이를 남편한테 맡기고 혼자 쇼핑몰에 갔다. 혼자서 발걸음도 가볍게 쇼핑몰 입구에서부터 차근차근 구경하면서 모처럼 여유 있는 시간을 즐길 수 있었다. 학생시절 다년간 영어 교육을 받았으니 읽고 쓰는 일이야 문제가 없다 해도 백화점 여기저기 써놓은 문구들은 낯설었다. 생략에 위트까지 곁들인 광고 문구는 난해하기 이를 데 없었다. 그러니 대충 감으로 짐작하며 상품들을 구경했다.

어느 한 판매대에 브래지어를 잔뜩 쌓아놓고 팔고 있었다. 별 생각 없이 뒤적여보았다. 모양은 브래지어인데 너무 컸다. 얼핏 보니 'Big··· 어쩌구···' 라는 단어가 보이는 광고를 뒤에 붙여놓고 있기는 했다. 하지만 어찌 사람의 가슴이 이렇게 클 수 있을까 아무리 머리를 굴려 봐도 이것은 가슴에 쓰라고 만든 물건이 아니란 생각이 들었다. 그렇다고 누구한테 이게 뭐냐고 물어볼 수 있는 물건은 아닌 듯해서 혼자 결론을 내릴 수밖에 없었다. '미국 여자들은 하도 뚱뚱해서 아마 엉덩이에도 브래지어를 하나보다.' 그럴듯했다. 하지만 나중에 영어교실 선생님한테 조심스럽게 물어봤더니 내 말이 채 끝나기도 전에 우스워 죽겠다며 깔깔댔다. "네 생각이 어쩌면 그렇게 귀엽냐. 세상에 엉덩이에 브래지어를 하는 사람이 어디 있느냐."며 한참을 박장대소했다. 그렇다면, 정말 그 큰 것이 맞는 여자가 있다는 것 아닌가. 전에는 별 생각 없이 그냥 '참 뚱뚱하네.' 하며 지나쳤었는데 그날부터는 유난히 덩치 큰 여자들을 보면 내가 백화점에서 보았던 브래지어들을 머릿속에서 그 여자에게 입혀보는 버릇이 생겼다. 유심히 보니 정말 그 정도의 것은 해야 맞을 것 같은 여자들이 많았다.

큰 나라 미국. 지금이야 별로 신기할 것 없는 가까운 나라가 되었지만 촌사람 서울 구경하듯 많은 것에 놀랐던 그때의 미국 생활. 그중에서도 나 같은 사람 두 명이 들어앉아도 될 만큼 큰 그 브래지어들을 생각하면 지금도 슬며시 미소가 얼굴 가득 번진다. 모든 것이 신기하고 궁금한 것이 많았던 그 젊은 시절, 오늘 유난히 그때가 그리워진다.

(2013. 10.)

빨간 코트

그것은 무언의 대결이었다. 타이완에서 온 대만국립 대 졸업생과 코리아에서 온 E 여대 졸업생과의 대결. 아무도 인정해 주지도 관심 가져 주지도 않는, 그래서 어떤 보상도 없는 보이지 않는 머리싸움이었다. 세계 각처에서 남편을 따라온 부인들이 모여서 공부하던 영어교실, 나도 그때는 젊고 싱싱했었다.

1970년대 후반 남편을 따라 처음 간 미국의 한 작은 대학도시 샴페인에 정착한 후 영어교실에 나갔다. 그곳은 대부분 공부하는 남편을 따라온 젊은 부인들로 이루어져 있었다. 나는 연구교수의 아내였으나 내 나이는 다른 유학생부인들과 별반 다르지 않았다. 그곳에서 만난 대만 출신 새댁 '쉰만 데이'라는 이름의 여인을 나는 지금도 또렷이 기억하고 있다. 나보다 몇 살 아래

였지만 우리는 금세 의기투합해 서로 다른 악센트의 영어로나마 젊은이 특유의 발랄함으로 재잘댈 정도로 친해졌다. 다른 것이 있다면 그녀는 신혼이었고 나는 네 살짜리 딸이 있다는 것이었다.

시간이 흐르며 그녀도 나도 공부를 계속하고 싶은 꿈이 있다는 공통점을 알게 되었다. 우리는 더욱 서로를 이해하고 격려해주며 많은 시간을 함께 영어공부에 열심을 냈다. 그곳 대학원에 입학하려면 외국인으로서의 필수 조건인 토플 시험을 치러 좋은 성적을 내는 것이 첫 번째 과제였다. 우리는 같은 때 토플을 보기로 약속했다. 아직 신혼이라 공부에만 전념할 수 있는 그녀와는 달리 나는 딸을 돌보는 주부여서 시간적으로 그녀에 비해 많이 불리했다. 대학을 졸업하자마자 결혼하고 곧바로 미국으로 온 그녀는 아직 손에 잉크 물이 마르지 않은 상황이었는데 반해 나는 아기 기저귀를 빨며 책과 펜을 손에서 놓고 공부와는 담쌓고 지낸 지 벌써 6년이 된 때였다.

올림픽에 출전하는 선수들의 마음을 알 것 같았다. 학교를 다니면서 그 숱한 시험을 치르며 살았으나 마음에 그렇게 결연한 의지를 다졌던 적은 없었다. 같이 시험을 보기로 약속한 날부터 그녀는 내가 기필코 이겨야 하는 적수, 대만 선수가 되었고 나는 내 조국을 빛내야 할 대한민국 선수가 되었다. 개인이 아닌 나라의 명예를 걸고 치러야 하는 한판 대결이란 생각이 가슴 가득 차올랐다. 그 순간 나는 가슴속에 커다란 태극기를 달았다. 부지런히 공부하기 시작했다. 아직은 엄마와의 놀이 외엔 혼자 놀 줄 모르는 딸과의 하루를 마치고 딸을 재워놓은 후에서야 비로소 책을 잡을 수 있었으니 나의 공부는 대부분 잠을 줄인 밤 시간에나 가능한 일이었다.

남편과 식탁에 앉아 밤늦도록 공부하던 그 시절이 지금도 아련히 그리워진다. 공부하다 틈틈이 대화를 나누던 시간도, 참 젊었던 그 시간도 지금은 추억 속에서 미소 짓고 있을 뿐이다. 졸음에 겨운 눈을 치뜨고 안간힘을 쓰는 아내가 안쓰러웠는지 남편은 좋은 성적을 내면 원하는 것을 사주겠다고 했다.

시험을 치렀다. 수많은 외국인들 틈에 앉아 열심히 기억을 더듬으며 문제를 풀어나갈 태세를 갖췄다. 시험관은 시간을 측정한다고 교실 맨 앞 테이블 위에 탁상시계를 올려놓았다. 내 자리는 바로 테이블 앞이었다. 청각이 다른 사람보다 과하게 예민해서 제이미 소머즈(TV 공상과학드라마의 여주인공 이름)로 불리던 나는 그 째깍 대는 소리가 귀에 거슬려 도저히 문제에 집중을 할 수 없었다. 영어로 항의한다는 것이 만만치 않았으나 그 일생 일대 중요한 시험을 그대로 망칠 수는 없었다. 나는 용기를 내어 시계를 치워달라고 했다. 시험관은 시간을 측정해야 하니 치울 수 없다고 했다. 시계를 아주 치우라는 것이 아니라 좀 멀리 놓으면 되지 않겠느냐, 생각해 봐라 당신 같으면 이 소리에

방해받아 시험을 제대로 칠 수 있겠느냐, 이것은 내게 너무 불공평한 일이다. 무슨 배짱이었는지 너무 다급한 나머지 내 입에서는 술술 말이 나왔고 그 사람은 불공평이란 말에 수긍을 하고 알겠다며 시계를 방구석으로 옮겨주었다.

몇 주를 기다린 끝에 시험성적이 우편으로 배달돼왔다. 내가 예상했던 것보다는 놀랄 만큼 좋은 성적이었으나 남편과 약속했던 점수에는 몇 점 모자랐다. 아직은 남편이 어려웠던 때이긴 하지만 그 좋은 기회를 그대로 놓쳐버릴 수는 없었다. 나는 사사오입하면 그 점수가 된다는 점을 강력히 주장했고 남편은 '어린 딸을 돌보며 그 정도 한 것만도 대단한 일이다.'라며 나를 백화점으로 데려갔다.

마침 그 마을에 단 하나뿐인 고급 백화점이 빅 세일을 하고 있었다. 나는 이웃에 사는 부인이 며칠 전에 새로 사 입었다고 자랑하는 통에 은근히 부러웠던 그 코트를 파는 곳으로 갔다. 그리고 아주 예쁜 빨간색 코트를 골랐다. 당시 우리 형편에는 좀 과한 가격이긴 했으나 남편은 싫은 기색 없이 코트값을 지불해 주었다.

영어교실에 갔다. 대만에서 온 그녀, 쉰만 데이의 성적은 내 성적에 훨씬 못 미쳤다. 그녀는 웃으며 나를 칭찬했고 나도 진심에서 우러나는 따뜻한 마음으로 동생 같은 그녀를 격려했다. 올림픽에서 있는 힘 다해 시합을 치르고 수상식장에 나온 선수들을 보면 메달 색깔을 떠나 서로 축하하고 격려하며 웃는 모습이다. 하지만 금메달을 딴 선수와 은메달, 동메달을 딴 선수들의 마음은 결코 같을 수는 없을 것이다. 그녀의 속마음이야 내가 알 수 없었지만 아마도 마음이 무척 쓰렸으리라. 만약 그녀가 같은 한국인이었다면 누가 잘했느냐 못했느냐가 그리 중요하지 않았을 것이다. 하지만 그녀의 점수를 확인한 순간 내 마음속 태극기는 그녀 앞에서 기쁨으로 펄럭였고 마음 깊은 곳에서는 애국가가 울려 퍼졌다. 그 순간 나는 올림픽에서 대만 선수를 물리치고 당당히 금메달을 딴 대한민국 선수였다.

지금은 입지 않아 장롱 깊숙한 곳에 자리하고 있는 빨간 코트를 볼 때면 애국심으로 불타던 젊은 날의 추억 속에서 예쁜 보조개를 보이며 웃던 귀여운 새댁 쉰만 데이의 모습이 떠오른다. 지금은 어디서 무얼 하고 있을까. 시절 인연이 닿으면 꼭 한 번 만나보고 싶다.

(2014. 9.)

슈퍼문이 뜨던 날의 단상

나뭇가지에는 새들만 올라앉는 게 아니다. 숲을 쓸며 지나가던 바람도, 산을 넘던 구름도, 떨어지던 빗방울도, 그리고 겨울엔 풀풀 날리다 쉬고 싶은 눈송이들도 나뭇가지에 몸을 의탁한다. 때로는 떠오르던 태양이 가지에 몸을 걸친 채 가야 할 시간을 잠시 잊기도 한다.

아파트 베란다에서 내다볼 수 있는 세상은 지극히 제한적이다. 방충망까지 열고 상반신을 밖으로 내밀고 보아도 달이 보이지 않는다. 뒷베란다 쪽으로 갔으나 역시 마찬가지다. 68년 만에 뜬다는 가장 큰 보름달 슈퍼문이 보이지 않는다. 구름이 잔뜩 가리고 있는 모양이다. 정해진 궤도를 돌며 한번도 다가가 끌어안을 수 없는 지구를 그나마 가장 가까이까지 접근하는 달은 있는 힘을 다해 지구를 끌어당겨 조수간만의 차를 크게 한다. 출렁이는 바닷물을 통해서나마 자신의 마음을 전하고 싶은 달의 의중을 조금 알 것 같기도 하다.

시간이 한참 흘렀지만 얼마나 큰 보름달일까 하는 호기심이 가라앉지 않아 다시 내다보았다. 역시 검은 하늘뿐이다. 안 되겠구나, 실망하며 몸을 돌리려는 순간 먹구름을 서서히 빠져나오는 달이 보였다. 구름에 달 가듯 가는 나그네? 아니, 구름을 헤치고 자신의 갈 길을 의연히 가는 나그네와 같은 달이다. 외로움을 혼자 가슴에 품고 때때로 자신의 앞길을 막는 먹구름을 탓하지 않고 오직 한 길을 가는 나그네의 모습으로 검은 하늘 한 가운데를 건너가고 있다. 상상했던 것만큼 크게 보이지는 않았으나 '슈퍼'라는 이름이 붙었기 때문일까, 평소보다는 좀 더 그윽한 빛을 사방에 퍼뜨리고 있었다. 한참을 가던 달이 잠시 쉬고 싶었는지 잎을 거의 다 떨어뜨리고 서 있는 후박나무 가지에 걸터앉는다.

나는 요즘 온 우주가 나이테를 하나 더하기 위해 묵은 옷을 갈아입는 것 같은 착각에 빠지곤 한다. 연한 속살로 태어날 때부터 싱싱한 초록으로 빛날 때에도 자신을 단단히 붙들고 어떤 비바람에도 떠날 것 같지 않던 나뭇잎들. 그랬던 그들이 계절이 바뀐다고, 기온이 내려간다고 안색을 바꾸고 미련 없이 떠나는 모습을 나무는 그 자리에 선 채 속수무책으로 보고 있다. 매해

보아오던 광경인데, 그러려니 하던 자연의 섭리인데 올해는 왜 이리 가슴속 깊이 아려오는 것인가. 내 모습이 저 쓸쓸한 나무 같다는 생각을 지울 수가 없다.

가을이 오면 그저 더위가 다 갔다고, 코스모스가 흐드러지게 필 것이라고, 나뭇잎이 물들어 사방천지가 아름다워질 것이라고 좋아하던 시절은 다 어디로 간 것일까. 쉬지 않고 떨어지는 나뭇잎을 보며 왜 나는 눈시울이 젖어오는 것일까. 바람이 분다. 샛노란 비가 내린다. 누른 빛깔 플라타너스와 마로니에 잎이 너풀대며 춤추듯 내려와 은행잎이 깔아놓은 노란 카펫 위에 눕는다. 그 위로 붉은색의 정점頂点을 품은 단풍잎들이 서서히 내려앉는다. 그 위를 내가 걷는다. 조심스럽다. 이 신성한 우주에 나 같은 미물이 발을 올려도 되는 것일까

어느 시인은 나뭇잎 하나가 어깨에 내려앉는 것을 일컬어 '우주가 나의 몸에 손을 얹었다.'고 했다. 내가 감히 밟고 서 있는 이 우주. 또 한 번의 삶을 위해 올해도 과감히 탈바꿈을 한다. 눈부시게 태어날 또 다른 우주를 위해 길을 내주는 모습을 본다. 그리고 이제 나는 그 모습에 감격할 줄 아는 나이가 되었다. 이 겨울 나도 탈바꿈을 해보아야겠다. 나무가 새로운 탄생을 위해 묵은 것을 미련 없이 내려놓는 것처럼 나도 그래야겠다. 이만하면 괜찮을 것이다라는 착각, 다른 사람들보다 정의롭다는 오만, 선하고 바르게 살아왔다는 교만, 그 누구보다 상식에 맞

게 생각하고 행동한다는 아집, 이 모든 것을 떨어내고 싶다. 이제까지 나를 둘러싸고 있던 것에서 벗어나 춥고 헐벗은 모습일망정 빛나는 내일을 위해 오늘은 빈 나무로 말없이 서있고 싶다. 언젠가 나뭇가지에 다시 새순이 돋고 여름이면 새들도 매미들도 깃들일 수 있는 든든한 나무, '나'라는 나무 그늘 아래 많은 사람들이 모여들어 쉴 수 있는 큰 나무가 될 수 있기만을 기대해본다.

후박나무에 걸터앉았던 보름달 슈퍼문이 어느새 저만치 서쪽 빌딩숲을 넘어가고 있다.

(2016. 11.)

빈貧에도 부富에도

겨울이 깊어가던 12월 말이었다. 버지니아 알링턴의 한 아파트에 가방을 풀고 일 년 간의 미국생활을 시작했다. 가방에 들어가는 가벼운 침구와 갈아입을 옷 몇 가지만 가지고 간 우리 네 식구는 아무것도 없는 집에서 며칠을 지내야 했다.

신문지를 깔고 바닥에 웅크리고 앉아 저녁을 먹었다. 저녁식사라고 할 것까지도 없었다. 가방에 넣어 간 작은 냄비와 라면을 꺼냈다. 시어머님이 꼭꼭 싸서 넣어주신 세 가지 마른반찬을 꺼내놓고 먹는 것이 고작이었다. 다행히 난방은 잘 들어오고 바닥에는 카펫이 깔려 있었다. 부족한 침구를 나누어 덮고 그날 밤은 그런대로 자고 일어났다.

자동차도 없으니 우선은 시간표에 맞춰 버스를 타며 일을 봐야 했다. 두 아이들을 입학시키기 위해 남편은 아이들을 데리고 외출했다. 그리고 나 혼자 오도카니 성에 갇힌 사람처럼 빈집을 지켜야 했다. 그날따라 차가운 겨울비가 내리고 창 밖에선 까마귀 우는 소리가 들렸다. 우리나라에서는 흉조라고 싫어하던 까마귀 소리가 그날은 어찌나 정겹던지, 아는 이 없는 객지에서 친구라도 만난 듯 반가웠다. 집 밖의 거리는 조용했다. 창밖을 무심히 내다보니 벌거벗은 나무들이 겨울비를 맞으며 오돌오돌 떨고 있었다. 서울의 우리가 살던 아파트는 10층이라 비가 오나 눈이 오나 낭만적인 것을 별로 못 느끼고 살았다. 그런데 바로 창밖에서 나무들이 겨울비에 젖는 모습을 볼 수 있으니 신기했다. 나까지 비를 맞는 듯 추위가 전해오며 새로운 곳에 왔다는 느낌이 마음을 파고들었다.

모두들 출근을 마친 시간이라 거리에는 지나다니는 사람 하나 없고 주차장도 텅 비어있었다. 저만치 네거리에서 노란 비옷을 입은 교통경찰관이 아이들의 등교를 도와주던 이색적인 모습도 사라졌다. 적막하다. 내 심장 뛰는 소리가 들릴 듯했다. 외로움이 밀려왔다. 주변에 아는 사람 하나 없는 이국 땅에서의 첫 날이 그렇게 시작되었다. 그날은 '나그네 생활이 뭐 이런 것이지. 차차 나아질 테니 별로 힘들 것도 없어.' 하며 어느 정도 여유를 부렸다.

퇴근 후 잠깐씩 도와주는 남편 친구의 차를 얻어 타면서 필요한 물건들을 사는 일은 쉬운 일이 아니었다. 어느 백화점의 물건이 좋은지, 물건의 품질을 비교한다거나 가격을 비교하지도 못한 채 그냥 급한 대로, 보이는 대로 사는 수밖에 없었다. 그래도 그날은 냄비 한 세트와 쌀을 사와서 밥을 지었다. 다시 바닥에 신문지를 깔았다. "오늘은 엄마가 지은 쌀밥이네!" 아이들도 나름대로 형편을 이해하고 있었으므로 웃으면서 저녁식사를 끝냈다.

잠자리에 들었을 때 남편은 힘들겠지만 앞으로 차를 살 때까지 좀 참아달라고 말했다. 나는 아주 지혜로운 아내인 양 냉큼 성경 구절을 인용하며 대답했다.

" '… 어떠한 형편에든지 내가 자족하기를 배웠노니(중략) 풍부와 궁핍에도 일체의 비결을 배웠노라.' 이 정도는 걱정 안 해요. 이런 것도 아무나 누려볼 수 없는 재미인걸요."

셋째 날도 넷째 날도 같은 일의 반복이었다. 다시 혼자 남겨진 나는 까마귀 울음소리를 듣고 있는 것도 조금 지겨워지고 심심해서 집 근처를 혼자 돌아다녀 보았다. 길에 지나다니는 사람이 없어서였을까 을씨년스러운 겨울 날씨 탓이었을까 외로움이 밀려왔다. 그렇게 또 며칠이 지났다. 식구들이 돌아오고 저녁을 지어 다시 신문지를 펼쳐놓는데 살짝 짜증이 났다. 언제까지 이렇게 살아야 하는 거야, 저이는 빨리 차를 안 사고 뭐하는 거람, 가구점에서 빌리기로 한 것들은 왜 아직도 안 오는 걸까.

나는 이사도 많이 다녀보았고 워낙 어려운 때를 살아온 세대이다. 그러니 새로운 환경이나 예기치 못한 힘든 상황에 대한 적응력이 보통은 넘으리라 생각했었는데 그게 아니었나 보다. 며칠 전 남편한테 큰소리 친 것이 무색할 정도로 나의 인내력은 바닥을 드러내고 있었다.

마음을 가라앉히고 다시 생각해 보았다. 남편은 어떨까. 학교에서 새로이 연구를 시작하며 가족들을 위해 어떻게든 하루빨리 나은 상황을 만들기 위해 애쓰는 남편은 나보다 훨씬 힘들 것이 아닌가. 또 아이들은 어떻겠어. 남의 나라에 와서 생김새도 전혀 다르고 말도 안 통하는 교실에 들어가 난생처음 영어로 수업을 받으며 생활하려니 얼마나 힘들 것인가. 그런데도 불평 없이 참고 적응하려 애쓰고 있는데 엄마라는 사람이, 아내라는 사람이 '나 힘들어요.' 할 수는 없는 일이 아닌가. 가족들을 위해서라도 좀 더 의연히 견뎌내야겠다는 생각이 들었다.

안정된 생활에 익숙해 있던 내가 겪어야 했던 가난한 나그네 생활, 아무 가구도 없이 텅 빈 집에서의 며칠은 나를 가늠해볼 수 있는 의미 있는 시간이었다. 생각해보니 나는 이렇다 할 좋은 아내도 훌륭한 엄마도 아니었다. 나를 둘러싼 모든 여건이 그저 나로 하여금 내 역할을 잘 감당할 수 있게 해주었던 것뿐이었음을 깨달았다. 나를 비춰볼 수 있었던 그 시간이 주는 교훈을 겸허히 받아들이며 앞으로는 어떤 상황에서도 지혜롭게 내 역할을 감당해낼 수 있는 사람이 되어야겠다고 다짐했다.

이젠 할머니의 역할까지 더해졌으니 모든 면에서 더 의연한 마음으로 더 넓은 품으로 모두를 품어주고 포용하면서 울타리의 역할까지 감당할 수 있는 어른으로 살아가야겠다고 다짐해본다. 아직 바깥은 차가운 겨울이지만 화창한 햇볕이 마루 안쪽까지 들어와 따스한 봄날이 머지않았음이 느껴지는 이 아침, 창밖에서 까치가 깍깍 짖어댄다. 그런데 난 왜 그 소리가 먼 타국에서의 외로움을 달래주던 까마귀 소리, 을씨년스럽게 내리는 겨울비를 맞으며 울어대던 까마귀 소리로 들리는 걸까. 아마도 가난한 나그네 생활이긴 했을망정 나름대로의 추억이 있던 그 젊은 시절이 그립기 때문인가 보다.

(2012. 2.)

시내 산의 그 여인

열여섯 명의 일행 가운데 그 부부가 유독 눈에 띄었다. 다른 사람들에 비해 차림새가 남루했을 뿐만 아니라 아직 50대 초반으로 보이는 부인은 다리가 O자로 몹시 휘어 있었다. 걷는 것도 힘들어 보였으나 얼굴은 늘 웃고 있었다. 유난히 다정해 보이는 두 사람은 이야기할 때에도 남에게 폐가 안 되게 하려는지 소곤소곤 목소리를 낮추었다.

크리스천들이 꼭 해보고 싶은 여행이 성지순례이리라. 새로운 밀레니엄이 시작되던 해, 우리 내외는 '예수 탄생 2천년 기독교 TV 이스라엘 성지순례'에 참가했다. 모두 기독교인이어서인지 모임의 분위기는 동질감으로 편안하고 화기애애했다. 먼저 카이로 공항에서 내려 하룻밤을 자고 이집트의 피라미드와 스핑크스 등을 둘러보았다.

점심시간에 우연히 그 부부와 동석을 하게 되었다. 부인이 잠시 자리를 비운 사이 그녀의 남편이 말했다. 자신의 아내는 지금 심한 관절염을 앓고 있으며 시간이 더 지나면 여행도 다닐 수 없게 될 것 같다. 아직 걸을 수 있을 때 평생의 소원인 성지순례를 하게 해주고 싶어 어려운 살림에도 여행비를 어렵사리 마련해 왔다. 이번이 아마도 아내에겐 마지막 여행이 될 것 같다. 이런 이야기를 하면서 그는 눈물을 글썽였다. 그랬었구나! 나는 애처로운 마음에 그녀에게 가능한 한 다정한 친구가 되어주려 마음먹었다.

시내 산 일출을 보는 여행 사흘째 날이었다. 새벽 두 시, 어둠을 헤치고 산 정상을 향해 출발했다. 산 아래까지는 버스로 가고 그곳부터 정상 가까이까지는 낙타를 타고 가야 했다. 난생처음 낙타를 타는 것이지만 그것은 두렵지 않았다. 산을 오르는 좁은 길을 한 줄로 서서 오르는데 내가 탄 낙타가 천천히 가서 앞의 낙타와 멀어지면 사방천지가 어두워 앞에 가는 남편도 보이지 않고 뒤따라오는 사람도 보이지 않으니 그것이 너무나 무서웠다. 나는 발로 낙타의 배를 치면서 "빨리 좀 가자." 하고 다그쳤지만 고집스런 녀석은 묵묵히 자신의 임무를 수행할 뿐이었다.

낙타 종점에 이르러 기다리던 남편과 정상을 향해 걸어 올라

가기 시작했다. 그냥 걸어서 올라가는 길은 힘들더라도 어찌어찌해냈으나 가파른 800계단을 오르는 일은 너무나 힘들었다. 깜깜한 밤이 아니었다면 나는 포기하고 계단 아래에서 기다릴 테니 당신만 다녀오라 했을 것이다. 하지만 칠흑 같은 어둠 속에 혼자 있을 일은 생각만 해도 오싹했다. 결국 무서움이 나를 앞으로 나아가게 했다. 나중에는 남편이 잡아끌어 주어 몇 계단 오르고, 뒤에서 밀어주어 몇 계단을 오르고 해서 제일 꼴찌로나마 정상에 도착하니 어느덧 새벽 다섯 시였다.

일행과 함께 간단히 예배를 드리고 나자 가이드가 사발면을 나누어 주었다. 추운 산꼭대기에서 허기진 배를 채워주는 사발면의 맛을 어떻게 말로 표현할 수 있을까. '김치가 있다면 금상첨화일 텐데….' 생각하는데 누군가 김치 몇 조각을 내민다. 반가움으로 돌아보니 바로 그녀였다. 그녀는 우리 일행에게 김치를 건네주며 "라면은 김치하고 드셔야 제 맛이죠." 하며 웃는다. 깜짝 놀랐다. 몸이 건강한 내가 빈 몸으로 올라오기도 죽을 만큼 힘들었던 길을 그녀는 이 김치를 들고 올라왔다는 말인가. 성치 않은 몸으로 자신의 몸만 올라오기도 힘겨웠을 텐데 다른 사람을 위한 것까지 넉넉히 들고 와 웃으며 나누어주는 그녀의 후덕함에 감동된 나는 목이 메어 그 김치를 차마 먹을 수가 없었다. 이런 사람도 있구나! 그녀는 나 같은 사람은 흉내조차 낼 수 없는 훌륭한 인품을 지닌 사람이었다.

새벽 6시 10분, 드디어 일출이 시작되었다. 모든 사람들이 약속이나 한 듯 떠오르는 태양을 향해 섰다. 모세도 이 산에서 저 태양을 보았겠지. 여명의 한가운데로 떠오르는 찬란한 태양이 시내 산을 붉게 물들이기 시작했다. 모두 두 손을 모으고 마음 속 깊은 곳에서 우러나오는 기도를 드리는 것 같았다. 나도 감사와 함께 내 아이들을 위해 기도했다. 기도를 마치고 둘러보는데 저만치서 아직도 고개를 숙이고 있는 그녀가 보였다. 나도 다시 기도를 이어갔다. 부디 이 착한 여인의 관절염이 깨끗이 나아서 하나님이 지으신 이 세상 그 어느 곳도 어려움 없이 마음껏 다닐 수 있게 해주소서.

일출을 보고 하산하여 다시 버스에 올라타고 이스라엘로 들어갔다. 어릴 때부터 기독교 학교와 교회를 다니며 성경을 배우고 설교를 들을 때 나오던 장소들, 한곳 한곳을 볼 때마다 감회가 새롭고 감동이 일었다. 무엇보다 예수님 당시에 쓰던 것과 같은 모양의 배를 타고 맑은 갈릴리 바다 한가운데로 나가 선상에서 예배를 드릴 때는 넘치는 은혜로 가슴이 뜨거워졌다. 투명하게 맑고 깨끗한 갈릴리 바닷물에 내 마음마저 순결하게 씻기는 느낌이었다. 많은 기념교회와 성소 등도 각각의 의미를 지니고 있어서 어느 한 곳도 예사롭게 지나칠 수 없었다.

비아 돌로로사(Via Dolorosa), 예수님이 십자가를 지고 골고다 언덕으로 걸어가시던 '슬픔의 길'을 따라 걸을 땐 모두가 숙연한 모습이었다. 조용히 예수님의 고난을 묵상하며 걸었다. 문득 기독교를 배척하는 이스라엘(유대인)에게 엄청난 관광수입을 올려주는 것이 바로 기독교 문화와 역사라는 것이 참 아이로니컬하게 느껴졌다.

열흘에 걸친 여행 중 느꼈던 수많은 감동의 여운이 10년 세월이 지난 지금까지도 생생하다. 그중에서도 가장 강렬하게 내 머릿속에 새겨져 있는 것은 시내 산 정상 위로 떠오르던 태양빛만큼이나 아름답게 빛나던 인품의 그녀, 다리가 성치 않던 그 여인의 모습이다. 그녀는 지금쯤 건강을 되찾았을까 아니면 더 이상 여행을 할 수 없는 상태가 되었을까. 부디 튼튼한 다리로 회복되어 아름다운 이 지구 그 어느 곳이든 자유롭게 다니고 있기만을 마음속 깊이 기원해 본다.

(에세이문학 2014 겨울)

도라지 꽃밭의 소녀

온종일 날씨가 너무 덥다 싶었다. 아니나 다를까 후드득 빗방울이 떨어지는가 싶더니 어느새 빗줄기가 굵어지며 소나기가 한바탕 퍼붓는다. 마로니에 넓은 잎을 적시며 떨어진 빗물이 후끈 달았던 아파트 마당을 식히며 정겨운 흙냄새를 피워 올린다. 우산을 쓰고 근린공원으로 갔다. 비에 젖은 흰색, 보라색 도라지꽃들이 해가 설핏한 여름저녁 별들이 내려와 앉은 듯 청아하기 이를 데 없다.

나는 어릴 적 방학이 되면 늘 시골 고모 댁에 가서 지내다 오곤 했다. 서울에서 태어나 한 번도 서울 밖에서 살아 본 일이 없는 내게 고향이라는 정겨운 말은 곧 어릴 때의 고모 댁, 그것이었다. 내 머릿속에 저장되어 있는 그때의 아름다운 추억들을 어찌

다 열거할 수 있을까. 그때 그 시절처럼 마당 한가운데 평상을 펴 놓고 누워 하늘에 총총 빛나는 별들이 모두 별똥별로 떨어질 때까지 밤을 새운다 한들 다 이야기할 수 있을까. 그중에서도 가장 자주 생각나는 즐거운 일이 있다. 나만의 비밀스러운 놀이, 도라지 꽃봉오리 터뜨리기이다.

희뿌연 안개가 막 걷히기 시작하는 이른 아침 고모네 뒷마당을 지나 사립문을 열면 그곳엔 끝도 없이 펼쳐진 도라지 꽃밭이 있었다. 밤새 덮고 잔 안개 이불을 막 걷어내고 아침 이슬에 촉촉이 젖은 흰색과 보라색이 어우러진 도라지 꽃밭은 말로 표현할 수 없을 만큼 아름다운 한 폭의 그림이었다. 아침이면 눈을 부비며 일어나 한걸음에 뒷마당을 가로질러 달려가 사립문을 활짝 열고 잠에서 막 깨어난 도라지 꽃밭과 인사를 나누는 일로 하루를 시작했다. 꽃송이마다 이슬을 머금은 고운 빛의 도라지꽃들의 향연. 지금도 선연히 머릿속에 남아 지워지지 않는다.

운동화 코끝이 젖는 줄도 모르고 철없는 나는 도라지밭을 휘젓고 다니며 적당히 부푼 도라지 꽃봉오리들을 터뜨렸다. '폭, 폭, 톡….' 봉오리가 터지며 내는 경쾌한 소리는 어떤 음악보다 듣기 좋았고 손끝에 전해오는 느낌은 생생하고 보드라웠다. 마음은 즐거움으로 가득 차올랐다. 혼자만의 즐거움에 도취되어 시간 가는 줄 모르고 도라지밭을 마음껏 헤집고 다니다 보면 어느새 찬란한 아침햇살이 눈부시게 퍼지기 시작했다.

"너 또 거기 있구나?"

고모의 목소리가 아침의 맑은 공기를 가르며 환상의 나라에 빠져있던 나를 다시 이 세상으로 불러냈다. 짐짓 말씀은 꾸짖는 듯해도 넓고 너른 밭에서 어린것이 봉오리 몇 개 터뜨린다고 야단칠 만큼 그렇게 인색하지 않은 것이 고모의 너른 마음이기도 했다.

언젠가 고모 댁은 경제 발전의 물결을 타고 서울로 이사를 왔고 아쉽게도 어린 날 나의 특별했던 시골에서의 즐거움은 추억 속에서나 찾아볼 수 있게 되었다.

청초한 도라지 꽃밭 속의 소녀는 처녀가 되고 결혼하여 아기 엄마가 되고 얼굴의 잔주름이 늘어가도 마음속에는 늘 도라지 꽃을 한 아름씩 안고 살았다. 어느 날 정말 예기치 않은 곳에서 도라지 꽃밭을 다시 보게 되었을 때의 감회를 어찌 설명해야 할까.

몇 년 전 캐나다를 여행할 때 어느 곳에선가 온천욕을 하는 시간이 있었다. 뜨거운 물속에 들어앉아 있는 것을 별로 즐기지 않는 나는 대충 흉내만 내고 밖으로 나와 주변의 멋진 자연을 눈 속에 그려 넣고 있었다. 캐나다의 여름은 참으로 싱그러운 초록색의 오케스트라 연주 같았다. 저 멀리 푸른 숲과 끝없이 펼쳐진 들판, 햇살을 받아 반짝이며 흐르는 맑고 투명한 개울물, 이국의 아름다움을 하나씩 뇌리에 새기며 둘러보다가 저만치 낯익은 정경에 시선이 멈췄다. 도라지 꽃밭이었다. 누군가 가꾸어 놓은 흰빛 보랏빛의 도라지꽃들이 오랜만에 친구를 만나 반갑다는 표정으로 나를 보고 웃는 듯했다. 한낮 태양 아래 이슬이 맺혀 있지는 않았으나 상관 없었다. 나 또한 객지에서 옛 친구를 만난 것처럼 마음이 설레어 머뭇거림 없이 그곳으로 달려갔다. 다행히 꽃봉오리들은 아무의 방해도 없었는지 하나도 터진 것 없이 완벽했다.

'폭' 한 개를 터뜨리다 말고 나는 슬며시 손을 거둬들였다. 아련한 그 옛날 농사일의 고달픔에도 불구하고 마음은 비단결처럼 고왔던 고모의 모습이 떠올랐다. 철없이 즐겁기만 하던 내게 가끔 자연의 이치를 일러주던 고모의 목소리도 들려왔다. 자연은 있는 그대로 존중해 주어야 함을 일깨워 주던 목소리. 눈을 감았다. 나를 환상 속의 공주로 만들어 주던 시골, 그때의 꽃밭이 신기하리만치 선명했다. 지금은 어찌 변했을까. 아마도 농촌개발이란 이름으로 물길 가까이의 전원주택이 되어 있을지도 모르겠다.

남의 나라에서 뜻하지 않게 어린 날 추억의 한 페이지를 열어 볼 수 있는 것이 신기했다. 그 사이 온천욕을 마친 일행들이 내 곁에 다가와 구경하고 있었다. 어떤 사람은 내게 그 꽃 이름이 무어냐 묻기도 했다. 도라지 봉오리 터지는 소리가 얼마나 경쾌하고 신선한지 아는 사람이 별로 없는 모양이었다. 아니, 어쩌면 그것은 나만이 알고 있는 비밀스러운 음악일지도 모를 일이었다.

캐나다 여행의 보너스를 받은 듯 뿌듯하고 고마운 마음을 안고 일행과 함께 버스에 올라 다음 목적지로 향했다. 상쾌해진 마음으로 철없던 시절 시골에서 경험했던 여러 가지 즐거웠던 일들을 미소와 함께 떠올리면서.

(좋은문학 2015 통권 제60)

그 여행의 에필로그

동생의 환갑 기념으로 우리 세 자매는 터키 여행을 다녀오기로 했다. 7박 9일간의 여행을 함께하며 모처럼 집안 살림이나 자녀들 걱정을 벗어버리고 특히 어수선한 국내 정세도 머리에서 말끔히 지워버리고 우리만의 시간을 즐기자고 약속했다. 자식으로서, 아내로서, 엄마로서 그리고 할머니로서 열심히 살아온 우리들, 떠나자!

4월에 들어섰는데도 서울 날씨는 아직 겨울이 심술을 부리며 봄기운을 막고 있어 예년보다 늦추위가 이어지고 있었다. 화창한 베란다 창밖이 포근해 보여 가벼운 옷차림으로 나갔다가 추위에 덜덜 떨며 돌아오던 날들이 많았다. 터키의 날씨는 한국과 비슷하다고 했다.

출발 며칠 전부터 가방을 꺼내놓고 고민하며 두꺼운 옷을 넣었다가 얇은 옷으로 바꿨다가 변덕을 부리던 끝에 드디어 결론을 내렸다. 더우면 안 입으면 되지만 추우면 어찌할 것인가 유난히 추위에 약한 자신을 알아야지. 결국 어떤 추위에도 얼어 죽지 않게 옷을 챙겼다. 여러 나라 여행을 하다 알게 된 나만의 노하우를 이럴 때 십분 발휘하지 않으면 언제 하겠는가.

첫 날은 입고 간 옷이 그런대로 무난했다. 밤늦게 호텔에 들어가 다음 날 입을 옷을 챙기려는데 가방을 이리저리 뒤적거려도 적당한 옷이 없었다. 그곳은 예상보다 따뜻했다. 하는 수 없이 입고 간 옷을 그대로 입을 생각으로 침대에 올라앉아 두 사람이 가방 가득히 가져온 옷을 펼쳐놓고 이것저것 맞춰 입어보는 모습을 조용히 지켜보았다. "왜 너는 옷을 안 챙겨?" 언니의 물음에 동생도 잠시 멈추고 나를 보았다. "옷이 없네." "그럼 그 가방에는 다 뭐가 들어있는데?" 두 사람이 다가와 내 가방을 열어보았다. 아무리 추위를 많이 탄다 해도 그렇지 어떻게 겨울옷만 잔뜩 넣어왔느냐며 자신들의 가방을 열어놓고 맘에 드는 것으로 골라 입으라고 했다. 자매들의 사랑을 담뿍 느끼며 여행 내내 두 사람의 옷을 빌려 입고 다녔다. 여행이 끝나갈 무렵 동생이 한마디했다. "언니, 옷에 신경 좀 써라. 검소한 것도 좋지만 나이 들수록 외모에 신경을 써야 하는 법이잖아." 듣고 보니 내가 너무 무신경했나 싶었다. 돌아가서는 봄철 여행에 적합한 옷들을 좀 사야겠구나.

나이 들어 오랜만에 하는 긴 여행이라 도중에 배탈이나 몸살이 나면 어쩌나 걱정했던 것과는 달리 언니와 동생의 보살핌을 받으며 9일간의 여행을 무사히 마치고 돌아왔다. 시차 적응하느라 며칠 쉬고 난 후 나는 결심을 하고 지갑을 챙겼다. 어디로 갈 것인가 잠깐 생각하다 여행 전부터 눈여겨 두었던 옷집이 생각나 그곳으로 곧장 갔다. 아파트 건너편 주상복합 건물에 있는 옷집이 아직도 세일을 하고 있었다. 가게를 정리하느라 모든 옷을 반값에 판다고 했다. 그곳에서 언니나 동생이 입었던 것과 비슷한 옷들을 골라 한 보따리를 사들고 왔다. 한 보따리라고 해봐야 동생이 백화점에 가서 사는 옷 한 개 값도 되지 않는 액수였지만 그래도 마음은 뿌듯했다. 집에 돌아와 이 방 저 방 옷장 문을 있는 대로 다 열어놓고 새로 사온 옷과 장롱 속에 있는 옷들을 번갈아 이리저리 입어보았다. 재미있었다. 이제는 어디를 여행해도 두 사람 못지않게 멋지게 입고 다닐 수 있을 것 같았다. 물론 동생이 보면 타박하겠지. 하나를 사도 제대로 된 좋은 것을 사야지, 쯧쯧. 하지만 상관없다. 내 맘에 들고 내 분수에 맞으면 되는 것이지 뭐.

그런데 모처럼 장롱과 서랍 속을 뒤지다 보니 수년 간 한번도 입지 않은 옷들과 다른 자매들이 버리겠다면 아깝다고 가져다 놓은 옷들이 차고 넘쳤다. 하나 둘 버리려고 꺼내 놓다보니 모처럼 옷장 정리를 하게 되었다. 언니나 동생에게서 가져온 옷들은 들고 오느라 애만 썼지, 대부분 나도 입지 않고 옷장 속 자리만 차지하고 있어서 그것들도 과감하게 꺼냈다.

이왕 하는 김에 남편의 옷장도 정리했다. 깃이 낡은 셔츠도 꺼내고 단이 낡은 바지, 늘어난 티셔츠도 몇 개 꺼내어 버리려고 내놓은 옷 봉지에 넣었다. 옷을 한 가마니쯤 버리고 나니 속이 다 후련하고 장롱들도 숨 쉴 여유를 준 것 같아 기분이 좋아졌다. 웬만큼 일을 끝내고 유자차를 한 잔 따끈하게 만들어 잠시 식탁에 앉아 홀로 생각에 잠겼다. 세계 어느 곳에서도 볼 수 없었던 특이한 바위로 이루어진 카파도키아와 뜨거운 물이 콸콸 흐르는 개울물과 석회질로 이루어진 벌판 파무칼레, 그리고 에베소 유적지의 숱한 건축물들의 아름다움, 무엇보다도 우리 셋이 처음으로 함께한 즐거웠던 시간들. 이런 소중한 경험 뒤에는 언니와 동생의 소리 없이 보듬는 사랑이 있었기에 두 사람에게 고마울 뿐이다.

가방 싸기의 실수는 세 사람이 한바탕 웃을 수 있는 기회도 주었지만 모든 일에서 좀 더 겸손하고 신중해야 함을 알려준 나름대로의 교훈이 되었다. 옷으로 가득 찼으나 입는 것보다 안 입는 것들이 더 많은 옷장을 정리해 개운한 마음은 혹시 지금의 내 모습도 불필요한 것들로 가득 차 있는 것은 아닐까 하는 생각으로 이어졌다. 행여 아직도 버리지 못하고 끌어안고 있는 아집이나 편견, 편협함이 있다면 옷을 꺼내 버리듯이 그렇게 과감하게 내버리자. 그리고 좀 더 알차고, 알차되 여유를 아는 노년을 만들어 가자.

자매여행, 일주일 넘게 함께 지내며 즐거웠을 뿐만 아니라 밥 걱정할 필요도 없었으니 오랜만에 홀가분했다. 그뿐인가. 동생의 구박(?) 덕에 예기치 않던 옷도 사고 덤으로 밀린 옷장 정리까지 했으니 이것이야 말로 꿩 먹고 알 먹고, 도랑 치고 가재 잡고, 일거양득이 아닌 일거삼득? 새로 산 멋진 옷들을 가방 가득 넣고 언제 또 다시 이런 신나는 여행을 하게 될까 기다려진다.

(2016 한국수필 대표선집 ≪비밀의 문≫)

평창에서 꿈을 꾸다

≪한국 수필≫에서 주관하는 평창으로의 문학기행에 따라나섰다. 여행의 제목은 '등단 3년 이내의 신인작가를 위한 연수회'였다. 등단은 했으되 아직 배울 것이 많은 나 같은 초보에겐 꼭 필요한 일이어서 여간 고마운 일이 아니었다. 하지만 그것만이 내가 여행을 따라나선 유일한 이유는 아니었다. 솔직히 말하자면 이번 여행에서 내가 하고 싶은 일은 따로 있었다.

첫째, 나는 은하수를 보고 싶었다. 강원도 깊은 산골이니 밤이면 하늘에 은하수가 흐르고 있을 것만 같았다. 어릴 때 시골 고모님댁 평상에 누워 바라본 이후 이날까지 한번도 보지 못했던 은하수를 그곳에 가면 볼 수 있을 거라 생각했다.

예정된 교육을 마치고 숙소인 W펜션에 도착했다. 춥지도 덥지도 않은 알맞은 기온, 폐부까지 스며드는 신선한 공기, 어느 쪽으로 눈을 돌려도 온통 초록의 산으로 둘러싸인 평창의 초여름 저녁이 우리를 에워쌌다. 저녁식사 준비를 하는지 고기 굽는 냄새가 났다. 준비해온 분들의 노고와 펜션 주인이 풍성하게 내놓은 자연산 채소, 나물 등으로 차려진 식탁은 풍성했다. 여기저기서 잔을 부딪치며 "위하여" 하는 소리가 들렸고 우리 팀도 선생님을 중심으로 잔을 들고 "솔샘의 무궁한 발전을 위하여" 하며 건배했다. 드디어 캄캄한 밤이 왔다.

최 선생님은 카메라를 메고 막내 문우는 셀카봉을 들고 밖으로 나왔다. 마음이 급한 나는 신발도 제대로 신지 못한 채 뛰어나와 하늘을 올려다보았다. 그러나 기대했던 것과는 달리 평창 하늘에 은하수는 보이지 않았다. 보름을 하루 앞둔 달이 마치 방금 세수를 마치고 나온 듯 깨끗한 얼굴로 우리를 보고 웃고 있었다. 그 밖에 큰 별 몇 개가 보일 뿐이었다. 실망하는 내게 펜션 주인은 이곳은 실외등이 많아서 별이 잘 안 보일 테니 불빛이 없는 곳으로 가보라고 일러주었다. 혼자서라면 낯선 밤길을 멀리까지 갈 엄두도 못 냈겠지만 선생님도 계시고 문우들도 세 명이나 함께하니 마음 놓고 한참을 걸어 불빛 한 점 없는 칠흑 같은 어둠을 향해 갔다. 얼마쯤 갔을까. 다시 고개를 뒤로 젖히고 하늘을 보았다. 처음엔 잘 안 보여도 한참 보고 있으면 별들이 차츰 보이기 시작할 거라고, 시골에서 어린 시절을 보낸 문우가 알려준 대로 꼼짝 않고 한 자리에 서서 하늘을 응시했다. 서서히 북두칠성이 보이기 시작했다. 저리 또렷한 북두칠성을 보는 것도 얼마 만인지 알 수 없다. 어린 날이 생각나 마음이 뛰기 시작했다. 은하수를 볼 수 없는 것은 서운했으나 그것만으로도 충분했다. 북두칠성은 내 마음을 순하게 쓰다듬어 어린 날로 돌아가게 해주었다. 순수하고 호기심 많던, 이제는 돌아갈 수 없는 그 시간으로.

사진을 찍고 싶었으나 사위四圍가 너무 어두워 플래시를 터뜨려도 사진이 제대로 나오지 않았다. 누구의 아이디어였는지 스마트폰의 조명등을 비춰주며 셀카봉을 이용해 사진을 찍었다. 어둠 속에 드러난 우리 다섯 명의 사진은 얼핏 보면 으스스한 느낌을 주기도 했으나 평소에는 쉽게 찍을 수 없는 사진들이었다. 밤하늘에서 별빛이 쏟아져 내리는 대신 사진 한 장 찍을 때마다 들여다보고 깔깔대는 우리의 웃음소리가 밤하늘로 높게 울려 퍼졌다. 함께 웃고 떠들며 시간을 나누던 평창의 그 어두운 밤을 우리는 아마도 쉽게 잊지 못할 것이다.

평창에 따라간 또 다른 이유는 '공심산방'을 보고 싶어서였다. 몇 년 전 선배 문우의 글에 나온 그곳에 꼭 가보고 싶었었는데 이렇게 좋은 기회가 주어지다니 어찌 기쁘지 아니하랴. 숙소에서 하룻밤을 지낸 다음날 아침 평창의 햇살은 유난히 눈부셨다. 버스에서 내려서도 한참을 숲길을 따라 올라가니 바위에 한자로 '空心山房'이라고 쓰인 집이 나왔다. 그곳 주인인 김시철 시인의 배려로 집 안팎을 돌아보았다. 아흔을 앞에 두신 분이 얼마나 정성껏 집을 가꾸시는지 뜰에는 꽃들이 만발해 있고 어디를 둘러봐도 먼지 한 점 없이 깔끔했다. 책방을 가득 메운 책들. 이곳에 들어오신 지 15년에 열네 권의 책을 내셨다니 참으로 놀라운 일이었다.

늦은 나이에 문학공부를 시작했으면서도 남들보다 열심히 해야겠단 생각은 안하고 '이 나이에 뭐 즐거운 만큼만 하면 되지.' 했던 자신이 부끄러워졌다. 방문을 마치고 떠나는 우리를 그분은 오래도록 손을 흔들며 배웅해 주셨다. 저렇게 혼자 남는 쓸쓸함에 익숙해지셨겠구나 하는 생각으로 마음이 짠했다. 나도 20년 후 저런 열정과 순수함, 무엇보다도 건강을 유지하고 있을 수 있을까, 산길을 걸어 내려오며 내 자신의 앞날에 대해 한참을 생각해 보았다.

수필가라는 이름이 붙여진 지 어느새 3년, 아니 이제 겨우 3년이다. 연수시간에 배운 것을 마음에 새기고 보다 더 수필다운 수필을 쓰는 사람이 되어야겠다는 다짐을 해본다. 앞서서 길을 개척하며 인도해주는 스승과 선배들의 열심을 본받아야지. 지금보다 훨씬 더 열심히, 꾸준히 노력하는 것이 그분들에 대한 최소한의 예의라는 생각으로 게으름 부리지 않기로 다짐하는 동안 버스는 쉬지 않고 달려 서울로 진입하고 있었다.

평창의 여운을 안고 잠자리에 들었다. 안온함이 온몸을 감싼다. 열린 창으로 달빛이 흘러든다. 누운 채 고개를 젖혀 하늘을 보았다. 어젯밤 평창에서 본 만삭을 하루 앞뒀던 달이 이 밤 최고의 아름다운 만삭의 몸으로 세상을 비추고 있다. 우주의 한 개 작은 행성 지구. 그 지구 한 귀퉁이에 살고 있는 작고 작은 나. 자연의 순행 따라 거스르지 않고 그렇게 물 흐르듯 순리를 따라 살아야겠다는 생각을 하며 베개를 고쳐 벤다. 오늘 밤엔 은하수 속에서 헤엄치는 꿈이라도 꾸면 참 좋겠다.

(한국수필 2016년 7월)

또 하나의 가을 이야기

샛노란 비가 마구 쏟아져 내린다. 지하철 출구를 나와 대기하고 있는 버스까지 걸어가는 길, 길 양쪽으로 늘어선 은행나무에서 낙엽이 때론 소낙비처럼, 때론 함박눈처럼 쏟아져 내린다. 서늘한 갈바람의 춤사위에 맞춰 사뿐사뿐, 팔랑팔랑 날아다니다 바닥으로 내려앉으니 길바닥도 온통 노란 빛이다. 이 아름다운 계절에 여행을 떠난다. 행복한 마음은 어느새 저 노란 은행잎을 타고 끝없이 날기 시작한다.

여행의 목표를 어디에 두느냐는 사람마다 다를 것이다. 나는 항상 두 가지를 생각한다. '역사적인 장소인가'와 '자연경관이 아름다운가'이다. 문학기행은 당연히 문학적인 의미가 더해질 테니 기대가 더욱 크다. 한번도 가본 적 없는 철원으로의 문학기행은 이 세 가지를 모두 충족시켜 주리라.

내가 속한 솔샘문학회의 문우 다섯 명이 함께 가니 버스에서 둘씩 좌석에 앉으면 한 사람은 외롭게 떨어져 앉아야 한다. 가장 언니뻘인 내가 외로울 수밖엔 없지, 하는 생각을 하며 일단 차에 올랐다. 안면이 있는 분들께 인사를 하면서 뒤쪽으로 가려는데 옛 동료 문우였던 선배님이 반기면서 곁에 앉으라고 권하신다. 기쁜 마음으로 그곳에 자리를 잡았다. 이로써 자리 배치도 자연스레 해결되었다.

기대와 설렘이 가득한 마음들을 태운 초대형 버스가 미끄러지듯 서울을 벗어났다. 차창 밖으로 흐르는 강원도의 경치를 감상하고 싶은데 구름이 잔뜩 낀 날씨 탓에 을씨년스런 느낌뿐이다. 서울엔 아직 나무들이 한창 울긋불긋 아름다운데 반해 북쪽은 추운 날씨 탓인지 이파리를 다 떨군 나목들이 다가올 추위를 두려워하는 듯 애처로워 보였다. 벼를 다 베고 난 논바닥 여기저기 몰려있는 하얀 비닐에 싸인 볏짚 더미들이 낯설다. 마치 누군가 밀레의 〈만종〉 군데군데 흰색 덧칠을 한 듯 부자연스럽다. 너른 평야에 같은 색으로 자연에 녹아들어 한몸을 이루던 볏짚더미들이 흩어져 있던 풍경이 그립다.

양구의 박수근 미술관이 우리의 첫 방문지였다. 인간의 선함과 진실함을 그린 한국의 대표작가로 꼽히는 그의 작품들에서 순박하고 다정한 이웃들, 특히 빨래터에 둘러앉아 빨래하는 아낙들을 만나보았다. 다음은 인문학 박물관. 젊은 시절 쌍벽을 이루던 두 분의 철학자, 김형석 님과 안병욱 님을 비롯해 정지용, 윤동주, 서정주 등 열 분의 시인들에 관한 자료들을 볼 수 있게 해놓은 '시와 철학이 숨 쉬는 공간'이었다. 오후 일정을 끝내고 펜션으로 갈 때는 어느새 어둠이 짙게 내렸다. 게다가 먹구름이 달빛마저 가려 칠흑같이 어두운 창밖으론 아무것도 보이지 않고 길이 꼬불꼬불하다는 것만 간신히 몸으로 느낄 수 있을 뿐이었다.

저녁 식사를 끝으로 첫날 공식 일정이 끝났다. 시골이면 어디건 은하수가 흐르리라 기대하는 서울내기를 비웃기라도 하듯 구름 낀 밤하늘엔 은하수는커녕 작은 별빛 하나 보이지 않았다. 그래도 우리 솔샘 식구들은 선생님과 함께 철원의 차갑고 신선한 밤바람을 쐬며 산책하는 즐거움을 포기하지 않았다.

낮에 본 은행잎처럼 노란색으로 치장한 펜션의 2층 방이 우리에게 배정되었다. 조금 비좁긴 해도 다섯 명이 문우의 정을 나누며 하룻밤 만리장성을 쌓기엔 부족치 않았다. 우리는 주방에서 얻어온 옥수수차를 종이컵에 나누고 선생님과 함께 솔샘의 앞날을 위해 축배를 들었다. 정겨운 웃음소리와 함께 철원의 가을밤이 깊어가고 있었다. 올빼미 체질인 나와는 달리 문우들은 모두 깊은 잠에 빠져들었고 나는 그녀들의 고른 숨소리를 자장가 삼아 새벽녘이 되어서야 겨우 잠이 들었다.

토요일은 아침부터 흐리긴 했어도 날씨는 비교적 포근해서 움직이기가 편했다. 버스가 내려준 곳은 6·25 전쟁 전에 이 지역을 관할했던 북한의 노동당사가 있는 곳. 전쟁 중 많이 파손되었지만 수많은 탄흔을 간직한 채 아직 보존되어 있다. 저것이 과거완료라면 얼마나 좋을까. 아직도 잠정 진행형인 전쟁의 실제 격전지를 보고 있자니 여러 가지 생각으로 마음이 착잡했다. 같은 비극이 부디 되풀이되는 일이 없기만을 마음속으로 두 손 모아 기도했다.

수필가에게는 필독서인 ≪문장 강화≫를 비롯해 ≪무서록≫ 등 많은 작품을 남긴 상허尙虛 이태준의 생가를 방문해 추모제례에 참석한 후 이태준 문학제에 참석했다. 철원 문인들의 정성어린 뒷바라지가 고마웠다. 어디에 있던 문학이라는 한 울타리 안의 가족 같은 마음이 이렇게 동질감, 동지의식을 갖게 하는 것이 얼마나 감동적인가.

철원 문우들의 전송을 받으며 그곳을 떠나 서울로 오는 도중에 들렀던 강원평화지역 국가 지질 공원, 고석정孤石亭의 경치는 참으로 아름다웠다. 맑게 흐르는 한탄강 한가운데 자리한 외로운 바위섬 위에는 수형이 아름다운 소나무 몇 그루가 짙푸르고 싱싱한 생명력을 한껏 뽐내고 있었다. 애초에 예정되었던 두타연 방문이 여러 가지 이유로 무산되어 서운했던 마음을 이곳 고석정의 아름다움으로 위로 받으며 다음을 기약하고 발길을 돌렸다. 이로써 내가 관심을 둔 세 가지가 모두 충족된 듯싶다. 북한 노동당사의 역사歷史와 고석정의 아름다운 경치, 문학관에서 보고 느낀 선배들의 발자취. 한 가지 덤이라면 문학제에서 수필 〈울타리〉를 낭독하는 특별한 경험을 한 것이다.

우리는 그저 즐거운 마음으로 따라나서는 문학기행이지만 매번 회원들의 편안하고 즐거운 여정을 위해 뒤에서 소리 없이 준비하고 진행 하는 운영진 모든 분들의 노고에 감사를 드리고 싶다. 덕분에 올 가을도 또 하나의 이야기를 기억의 창고에 쌓을 수 있는 매우 뜻 깊은 계절이 될 수 있었노라고 말이다.

(한국수필 2017년 1월)

4부

슬픈 꽃향기

아들아, 용서해다오

아들이 초등학교에 들어가고 얼마 지나지 않아서 있었던 일이다. 이 녀석이 전에는 하지 않던 짓을 하기 시작했다. 학교에서나 길에서나 떨어진 물건이 있으면 주워가지고 왔다. 처음엔 '네 것이 아니면 손대는 것이 아니다.'라고 가르쳐 주며 별로 대수롭지 않게 여겼다. 하지만 시간이 지나도 그 버릇은 고쳐지지 않았다.

길에 떨어진 것은 더러우니 만지지 말라고도 타일러보고 혹은 잃어버린 사람이 나중에 그곳으로 찾으러 올지도 모르니 절대로 주워오지 말라고도 타일렀다. 시무룩하게 듣기만 할 뿐 아들 녀석의 이 나쁜 버릇이 고쳐지지를 않았다. 가끔 "주인도 없는 물건인데요 뭐." 할 뿐이었다.

하루는 더 이상은 안 되겠다 싶어 호되게 야단을 치려고 회초리를 준비하고 단단히 마음먹고 아들을 불렀다.

“○○아, 엄마가 몇 번이나 이야기했는데도 못 알아듣겠어? 아무리 임자가 없어도 길에 떨어져 나뒹굴어도 네 것이 아니면 손대는 거 아니라고 엄마가 말했어, 안했어?” 그랬더니 한참을 머뭇거리던 아들은 눈물을 글썽이면서 대답했다.

“엄마가 지난번에 그러셨잖아요, 주워오는 놈도 있는데 잃어버리고 오는 놈도 있다고요.”

요즈음의 초등학교에서는 어떤 식으로 하는지 알 수 없으나 우리 아이들이 초등학생이었을 때는 알림장이라는 것이 있었다. 조그만 쪽지에 그날의 숙제라든가 또는 내일의 준비물이라든가, 하여간 학부모가 읽어보고 도와줄 일이 프린트되어 있는 종이였다.

많지 않은 형제 중에 맏이라던가 막내라는 것이 별 의미는 없을지 몰라도 이 녀석이 두 아이 가운데 막내였기 때문인지 아니면 원래 성격 때문인지 제 누나보다는 조금 덜렁대는 편이었다. 집에서 저를 기다려주는 엄마가 있어서 행복하다는 듯 아들은 언제나 신나는 모습으로 현관문을 열고 뛰어 들어와서는 학교에서 있었던 일들을 자랑스럽게 이야기하며 가방을 뒤져 알림장을 내밀곤 했다. 그날도 씩씩하게 엘리베이터를 내리면서부터 “엄마~~.”하고 큰 소리로 나를 부르며 즐거운 마음으로 집으로 뛰어 들어온 우리 아들, 그런데 아무리 뒤져도 알림장이 나오지 않았다.

"어, 그게 어딜 갔지? 분명히 여기에 넣었는데…."

"잘 찾아보렴. 어디 책갈피에라도 끼었는지."

그러나 가방을 뒤집어 털어도 알림장은 나오지 않았다. 아마 손에 들고 오다 어디선가 흘리고 왔나 보다. 나도 어릴 때는 곧잘 그랬던 것이 생각나 혼자 속으로 웃었다. 결국 인터폰으로 같은 아파트에 사는 친구에게 연락해서 그 아이의 알림장을 빌려보기로 했다. 그 아이에게 아줌마가 잠시 다른 종이에 적고 주겠다고 했더니, "괜찮아요. 저는 또 한 장 있으니까 돌려주지 않아도 돼요." 했다. 알림장을 두 장이나 받았느냐고 묻는 내게 한 장은 집에 오는 길에 주웠다며 그 쪽지를 놓고 갔다. 나는 특별히 할 말도 없고 해서 그냥 아무 생각 없이, 정말로 아무 생각 없이 혼잣말을 했다. "주워오는 녀석도 있는데, 잃어버리고 오는 녀석도 있네…." 아무 소리 없이 나를 바라보던 아들의 표정이 무엇을 말하고 있는지 그때는 몰랐다. 나의 이 뜻도 없는 말이 어린 내 아들을 얼마나 힘들게 했었는가를 그때는 정말 몰랐다.

이 말을 들은 우리 아들은 엄마가, 알림장을 잃어버리고 온 자신보다 주워온 그 친구가 더 잘한 것이라고 여기고 자기보다 그 아이를 더 좋아할 것이라고 생각했었노라고, 그래서 저도 무언가 주워오면 엄마가 저를 더 사랑해줄 거라고 믿었다고 울먹이면서 얘기했다.

순간 나도 울고 싶을 만큼 당황스럽고 가슴이 아팠다. 나는 도대체 무슨 엄마란 말인가! 아무 생각 없이 한 말이, 내게는 의미도 없이 중얼거린 말 한마디가 어린 가슴을 얼마나 아프게 했던 걸까. 나는 아들과 눈높이를 맞추기 위해 자연스럽게 무릎을 꿇으며 들고 있던 회초리를 조용히 내려놓았다. 그리고 아들을 끌어안으며 용서를 구했다.

"○○아, 엄마가 정말 잘못했어. 엄마가 그런 쓸 데 없는 말한 것도 잘못이고 그 말 때문에 네가 이렇게 힘들어 하는 줄도 몰랐던 것 또한 엄마의 잘못이니 부디 용서해다오. 어떻게 엄마가 너보다 그 아이를 더 사랑할 수 있단 말이니? 너는 이 엄마에게는 하나뿐인 귀한 아들인걸. 그러니까 엄마를 용서해 줘, 응?"

그 뒤로 아들의 나쁜 버릇은 씻은 듯이 사라졌고 더욱 명랑하고 씩씩한 학교생활을 하게 되었다.

선현들의 가르침 가운데 '말이 이치에 맞지 않으면 말하지 않느니만 못하다.'라는 말이 있다. 생각해보면 오늘 하루에도 얼마나 많은 말을 했으며 그중에 정말 필요한 말은 얼마나 되었던 걸까. 차라리 입 다물고 하지 말았어야 할 말은 또 얼마나 많았던 걸까. 엄마의 불필요한 말 한마디가 자녀들을 혼란에 빠뜨릴 수도 있다는 깨달음을 얻은 뼈아픈 경험이었다. 그 일을 겪은 후로는 더더욱 말조심하면서 아이들을 대하려고 노력하게 되었다. 한 걸음 더 나아가 주위 사람들에게도 덕을 끼치는 말은 하되 필요치 않은 말은 하지 않으려고 노력해야겠다고 다짐해 본다. 말한다는 것, 결코 쉬운 일이 아니다.

(2011. 4.)

울타리

전화기를 타고 들려오는 딸의 목소리에 기운이 없다. 세 돌이 막 지난 둘째 외손자가 놀이터에서 놀다 떨어져 팔꿈치가 골절되었단다. 팔 전체를 깁스하고 지금 막 병원에서 귀가하는 길이라 했다. 어린것이 얼마나 겁나고 아팠을까, 어미는 또 얼마나 가슴을 졸이며 애를 태웠을까, 놀라기는 또 얼마나 놀랐을까 하는 생각에 마음이 저려왔다. 애를 안고 병원 이곳저곳을 뛰어다녔겠구나.

오늘은 늦었으니 내가 내일 가보마고 말하다 생각하니 오히려 딸을 우리 집에 오게 하는 것이 낫겠다는 생각이 들었다. 애들을 데리고 여기 와서 며칠 쉬다 가라고 했다.

다음날 사위가 퇴근한 후 밤에 식구들을 태워다 주었다. 딸아이 혼자서도 운전해 올 수 있지만 팔에 깁스를 한 어린 녀석이 오는 도중에 차 안에서 아프다고 보채기라도 하는 경우를 염두에 두고 그렇게 했다.

할머니 댁에 왔다고 철모르고 흥분한 두 손자 녀석을 달래서 재웠다. 딸도 엄마 곁에 오니 긴장이 풀린다면서 잠자리에 들었다.

다음날 식사준비를 하는데 딸이 도우려 했다.

"애들 때문에 많이 놀라고 힘들었을 텐데 여기 있는 동안에는 아무 생각 말고 편히 쉬다 가도록 해라. 엄마 혼자서도 충분히 할 수 있어. 네 도움이 필요하면 도와달라고 부를 테니 마음 편히 있어라."

그렇게 며칠 지내고 저희들 집으로 돌아가야 하는데 사위가 데리러 올 시간이 나지 않는다고 했다. 딸이 혼자서 갈 수 있다고 했지만 마음이 놓이지 않아 내가 함께 가 주었다.

늘 하던 대로 냉동실에 마련해두었던 이런저런 얼린 음식 재료, 그리고 냉장실에 만들어 놓은 음식을 보냉가방 한가득 싸서 딸이 운전하는 차에 싣고 두 애들을 돌보면서 데려다 주었다.

함께 점심을 먹고 급한 대로 눈에 띄는 몇 가지 일을 도와주고 있는데 딸이 다가와서 이야기했다.

"이번에 정말 많이 놀라고 당황했었는데 의지할 데가 있어서 정말 감사했어요. 엄마, 고맙습니다."

순간 마음이 짠하게 저려왔다. 시집보낸 지 벌써 10년이나 되었고 든든한 남편이 지켜주고 두 아들을 둔 서른여섯 살이나 된 딸인데 아직도 내 마음은 안쓰럽기만 하다.

돌아오려는데 손자 녀석들이 매달리며 헤어짐을 아쉬워한다. 한 놈씩 끌어안고 볼에 뽀뽀해주며 "할머니가 열 밤 자고 또 올게. 엄마 말씀 잘 듣고 있거라." 약속했다. 그때 곁에 있던 우리 딸이 "엄마 저도요." 하면서 두 팔을 벌리고 내게 다가왔다. 나는 오랜만에 딸아이를 힘껏 껴안아 주었다.

혼자 집으로 돌아오면서 생각해보니 어렸을 때 딸은 늘 동생에게 밀려 엄마 품을 차지하지 못했었다. 그 애가 여섯 살 때 둘째를 낳고부터는 일주일에 두 번씩 학교에 강의 나가며 아기 돌보기만도 힘에 부쳐 내 품을 파고드는 딸을 밀어내곤 했다.

"너는 컸으니까 혼자 할 수 있잖아. 엄마가 너무 힘드니까 저리 좀 비켜라."

멀찍이 떨어져 앉아 동생을 품에 안고 젖 먹이는 엄마를 물끄러미 보던 어린 딸의 얼굴이 내 마음을 가득 채우면서 눈물이 핑 돈다. 아직 엄마가 된다는 것이 무엇인지도 모르면서, 결혼했으니까 그냥 남들이 하는 대로 아기를 낳고 키우다 보니 첫 아이를 낳아 키우는 일은 모든 것이 시행착오의 연속이었다. 딸을 시집보내면서 보통은 아빠들이 운다고 하지만 엄마인 내가 화장실에 들어가 수돗물을 틀어놓고 한없이 울었던 이유도 딸에 대한 미안한 마음 때문이었을 만큼 나는 딸한테는 정말 부족한 엄마였다. 이제는 결혼해서 저를 낳았을 때의 엄마보다 훨씬 나이가 많아진 딸이지만, 서운한 눈으로 나를 바라보던 여섯 살 딸아이의 그때 그 눈빛은 시간이 가도 지워지지 않는다. 특히 오늘같이 그 애가 힘든 일이 있을 때는 유난히 생생하게 되살아나 더욱 마음이 아프다.

돌아오는 길 내내 딸의 가정과 아이들을 위해 마음속으로 기도하면서 또한 다짐했다. 아직 나는 애들을 위해서 해주어야 할 일이 많이 남아있으니 건강하게 지내야 한다. 자식들 걱정시키지 않고 저애들이 필요하다면 언제든지 도와주어야지. 내 엄마가 내게 그렇게 해주셨듯이 나 또한 엄마니까 그렇게 해야지. 내 아이들이 필요할 때면 언제든 마음 놓고 찾아와 기대어 쉴 수 있는 휴식처가 되어주고 울타리가 되어 주자.

지하철 출구를 빠져나오니 파란 하늘엔 한가로운 뭉게구름이 떠다니고 가을 냄새를 품은 시원한 바람이 딸의 마음인 양 내 품을 파고들었다.

(한국수필 2016년 12월)

너는 바람 풍風 해라

학교폭력이 연일 뉴스를 장식한다. 내 자녀들은 이미 어른이 되었으니 무얼 걱정할까 싶지만 늘 아기일 것만 같던 큰손자 녀석이 초등학생이 되고 보니 이런 뉴스가 남의 동네 이야기로만 들리지 않는다.

내 아들은 평화주의자인데다 숫기도 없었다. 형제라고는 누나 한 명뿐이라 늘 둘이서 어울려 지내다 보니 남자다운 기상이 부족한 것 같아 걱정이었다. 초등학교 4학년이 되면 보이스카우트 단원이 될 수 있었다. 그런 모임에서 특별한 교육을 받는다면 지금보다 씩씩한 사나이로 커갈 것 같아 가입하도록 했다.

단원들의 모임이 있는 날이면 단정하게 단복을 입고 등교하는 모습도 보기 좋고 실제로 조금은 활발한 성격이 되어가는 듯하기도 했다. 어느 날 놀이터에서 놀고 있던 아이가 갑자기 집으로 뛰어 들어왔다. 같은 학교의 5학년인지 6학년인지, 단원 중의 상급생이 놀이터에 나타나서 도망을 온 것이라고 했다. 왜 도망을 왔지? 그 형들은 어느 곳에서나 후배 단원을 보면 이것저것 명령하고, 시키는 대로 따르지 않으면 때린다고 했다. 그것이 전통이란다. 참 어이가 없었다. 어떻게, 무엇을 보고 배웠길래 자기보다 약한 자를 도와주고 보호해줄 생각은 않고 오히려 아무 이유 없이 마음대로 못살게 굴어도 괜찮은 것이라고 생각하게 되었을까?

그 해 여름방학이었다. 단원들 전체 훈련이 있어 야외로 나가 하룻밤 합숙을 하고 온 일이 있다. 모처럼 집을 떠나 단체 생활을 해보는 것이야말로 좋은 경험이 되리라 생각하고 되도록 집에서는 할 수 없는 엄한 훈련을 많이 받고 오기를 기대하며 보냈다. 귀가한 아들은 재미있다는 듯이 무슨 구호 같은 것을 큰 소리로 외쳤다. 계속 반복을 해대니 일을 하고 있던 내 귀에도 들렸다. 잘 들어보니 보통 때는 쓰지 않는 저속한 말이 섞여 있었다. 하던 일을 잠시 멈추고 아이에게 훈련에 가서 있었던 일에 대해 물었다. 아이의 이야기는 이랬다.

훈련을 마치고 밤에 자유시간이 주어지자 5, 6학년 상급생들이 돈내기 카드놀이를 시작했다. 그들은 마치 상관이 부하에게 명령하듯 4학년 하급생들에게 보초를 서게 했다. 만약 선생님이 오면 이러이러한 구호를 크게 외쳐 자신들에게 알려 하던 놀이를 들키지 않도록 해야 한다고 다짐을 시켰다. 4학년 아이들로 하여금 모두 그들 앞에서 구호를 큰 소리로 외우게 했다. 우리 아들은 처음 듣는 그 말이 무슨 뜻인지도 모르고 운율이 맞으니 재미있다고 생각한 모양이었다. 나는 기겁을 했다. 한마디로 충격이었다. 이게 무슨 일이란 말인가. 초등학생이 돈내기 카드놀이는 무엇이며 보이스카우트에서는 무엇을 가르쳤길래 다른 아이들보다 정의감도, 배려심도 많아야 하고, 분별력도 있어야 할 단원들이 벌써 세상 때 다 묻은 어른들의 추한 짓을 그대로 따라서 한다는 말인가. 자기보다 어리고 힘없다는 이유로 하급생들을 윽박지르는 것도 부족해 그렇게 더러운 말은 또 누구의 머리에서 나온 것일까. 이것이 학교교육과 가정교육을 받으며 자란 아이들이 하는 짓이라고 할진대 어디에서부터 잘못 가르치고 잘못 배운 결과일까?

우리가 미국에서 한 해를 보낼 때 아들은 그곳 초등학교 6학년 마지막 학기를 보내고 중학생이 되었다. 새 학기가 시작된 얼마 후 2박 3일의 야외캠프를 다녀왔다. 돌아온 아들은 신기하다는 듯 이야기했다. 한국에서처럼 상급생들이 당연히 자신들을 아랫사람 부리듯 이것저것 귀찮게 굴 것이라 예상했었는데 그것이 아니었단다. 명령하거나 윽박지르는 일은 물론 없었고 출발에서부터 귀가까지 상급생들이 자신들을 잘 보살펴주었다는 것이다. 캠프장에서 텐트를 설치하는 일도 어리고 서툰 1학년 학생들을 위해 2, 3학년 형들이 자발적으로 나서서 해결해주었다고 했다. 이야기를 들으며 나는 참 부러웠다. 이것이 무슨 차이일까. 이 나라의 문화와 우리나라의 문화는 왜 이리 다른 것일까.

내가 존경하는 목사님으로부터 1970년대 초, 청계천 빈민촌에서 사역하실 때 있었던 이야기를 들은 적이 있다. 먹고 살 길이 막막한 그곳 사람들은 내외간에 늘 악을 쓰며 싸워 댔다. 정신 차리고 부지런히 몸을 놀려도 먹고 살기 힘든 상황에서 그들은 세상을 원망하며 허구한 날 술을 마시고 도박을 하며 가족들에게 폭행을 일삼았다. 목사님은 그들을 자립시키기 위해 열심히 설득해 함께 넝마주이를 하면서 자립을 도와주고, 교회를 세워 그들을 위해 사랑과 희생으로 목회를 했다. 아이들이 마음 놓고 놀 곳도, 배울 곳도 없는 곳이었으므로 부모가 일을 나간 사이에 아이들을 교회에 모아놓고 공부도 가르치고 먹이기도 하면서 놀도록 했다. 어느 날 목사님은 아이들이 소꿉놀이하는 것을 지켜보고 있었다. 얼마 지나지 않자 욕 소리를 하며 저희 부모가 하던 짓을 그대로 흉내 내며 서로 달려들어 때리고 싸워대는 것을 보고 이만저만 놀란 것이 아니었다.

"아이들은 누가 일부러 가르치지 않아도 부모의 사는 모습을 보고 배우는 것이다. 자식을 훌륭히 키우려면 돈을 들여 특별한 교육을 시킬 생각 말고 부모가 올바르게 살아가면 되는 것이다."라고 그 목사님은 말했다.

잠시 생각해 본다. 길 가다가 과자봉지를 아무데나 내던지는 아이들, 혹시 그 아이들의 아버지가 담배꽁초를 길거리에 휙 내던지는 것은 아닐까? 거짓말을 아무런 죄책감 없이 하는 아이들, 혹시 엄마들이 원치 않는 전화가 오면 "엄마 없다고 해!" 하지는 않았는지? 욕 소리를 입에 달고 걸핏하면 다른 아이를 괴롭히거나 때리는 아이들, 그 애들은 부모로부터 늘 욕 소리를 듣고 자주 얻어맞으며 자라는 것은 아닐까?

내가 '바담 풍風' 하면서 아이들이 '바람 풍風' 해주기를 기대해봐야 아무 소용이 없음을 우리는 알고 있다. 아이들은 어른의 거울이라고 했듯이 내 자녀는 나를 비추는 거울임에 틀림없다. 아이의 잘못을 바로잡아주는 것은 매우 중요하다. 하지만 그에 앞서 먼저 생각해야 할 것이 있다. 나의 일상생활에서 내가 하는 어떤 말이나 행동이 내 아이의 인격을 형성시키는 데 있어서 가장 중요한 요인이라는 것. 그러므로 자녀들이 내가 바라는 사람으로 자라나기를 원한다면 내가 먼저 그들에게 바라는 바로 그런 모습으로 살아야 한다는 것 말이다.

(2012. 8.)

그땐 몰랐어

모두 다 그랬었다고 말한다면 어폐가 있을 테지. 하지만 시대 풍조라는 것이 있어서 대체로 그러했을 거야. 우리의 부모세대는 어른 앞에서 제 자식을 끌어안는 일도 삼가야 했다더라. 우리는 그 정도는 아니었으나 그런 부모한테 교육 받고 자란 탓에 너희들에게 사랑을 표현하는 일이 무척 서툴렀단다. 너희 세대는 많이 다르잖니. 딸아, 너는 나보다는 나은 엄마가 되어야 하지 않겠니?

건너편 산에서 날아들던 아까시 향기도 어느덧 사라지고 불어오는 바람에 더위가 실려 오기 시작하던 어느 날 아침, 베란다에 빨래를 널고 들어오다 장식장 위 사진 속에서 환히 웃고 있는 손자 녀석들과 눈이 마주쳤다. 갑자기 애들이 눈에 밟혀

보고 싶고, 껴안고 아기의 젖내를 맡고 싶은 마음이 꿈틀 솟아났다. 가방을 얼른 챙겼다.

어린 두 아들을 키우며 낑낑 힘들어하던 딸도, 할머니가 오실 거란 말에 눈이 빠지게 기다리던 손자 녀석들도 달려들며 반겨주었다. 아이들을 번갈아 끌어안고 뒹굴며 요란한 인사를 끝내고 나자 발 디딜 틈도 없이 장난감이 흐트러져 있는 집안 꼴과 지쳐있는 딸이 눈에 들어왔다. 세 돌이 지난 첫째와 첫돌이 막 지난 둘째, 천둥벌거숭이 두 사내아이를 데리고 온종일 씨름하는 일이 힘들 것은 뻔한 일이다. 작은녀석은 형이 갖고 노는 것마다 탐을 내고 빼앗기기 싫은 큰녀석은 소리를 지르며 동생을 밀쳐냈다. 그때마다 딸은 두 아이에게 잔소리를 해댔다. 작은놈은 아직 말귀를 못 알아들으니 야단맞는 것은 주로 큰손자였다. 가만히 보니 딸은 집안일과 육아에 지쳐 매우 예민해져 있었다. 큰아이의 행동 하나하나마다 과민하게 반응하며 사사건건 잘 가르치려 애쓰는 것이 눈에 보였다. 젊은 날의 내 모습 그대로였다.

드디어 짜증내는 큰녀석의 손목을 잡아끌고 안방으로 들어갔다. 딸의 굳은 표정과, 두려움으로 그 큰 눈을 더욱 크게 뜨고 끌려들어가는 손자 녀석의 모습이 딱했으나 '어미가 훈육할 때는 절대로 할미가 끼어들지 않는다.'는 내 나름의 원칙을 지키며 어미의 권위를 세워주기 위해 소리 없이 기다렸다. 가만가만

타이르는 딸의 목소리와 "네, 네." 하는 손자 녀석의 울음 섞인 소리가 들렸다.

소매로 눈물을 닦으며 손자가 방에서 나오고 딸이 뒤따라 나왔다. 이번에는 내가 딸의 손목을 잡아채 아이들이 볼 수 없는 뒷베란다로 끌고 갔다. 어리둥절 끌려나온 딸을 세워놓은 채 목소리를 낮춰가며 이야기했다.

"네 얼굴이 지금 어떤 줄 알아? 네가 그렇게 싫어하던 이 엄마의 찡그린 얼굴과 똑같아, 이것아."

젊었을 때 나는 애들을 사랑으로 품는 것보다 옳고 그름을 가르쳐야 한다는 생각이 강했다. 어떻게 하는 것이 엄마 노릇을 잘하는 것인지도 모르는 채 내 방식대로 그 엄마 노릇이란 것을 하여 두 아이를 행실 바르고 남에게 폐를 끼치지 않는 사람으로 키워놓았다고 자부하며 살았다. 하지만 어느 날, "아이를 야단치려 아이에게 향하려던 손가락을 하늘로 향하세요. 그리고 아이와 함께 하늘에 총총 떠있는 별을 헤아려 보세요."라는 멘트를 어느 방송에선가 들었다. 머리를 한 대 얻어맞은 듯했다. 내 손가락은 언제나 잘못된 것을 일깨워 준답시고 아이들을 향했었다. 언제 한번 아이와 같이 하늘을 향해 함께 별을 헤아려 보았던 일이 있었던가. 나는 얼마나 형편없는 엄마였나, 가슴을 치며 속울음을 삼켰다.

딸을 결혼시키며 신신당부했었다.

"엄마는 마음속 사랑을 어찌 표현해야 할지 몰라서 너를 서운하게 한 적이 많았을 거야. 너는 부디 나 같은 엄마가 되지 말아라. 바르게 키워야 한다는 생각에만 너무 집착하지 말고…."

손자 녀석들이 듣지 못하도록 목소리를 더욱 낮추며 하던 이야기를 계속했다.

"이 담에 얼마나 후회하려고 이 엄마가 하던 짓을 그대로 하고 있어. 세상에 나온 지 아직 4년도 채 안 된 어린것에게 완벽한 인격을 요구하는 것이 말이 되니? 아이는 지금 엄마한테 왜 야단맞는 줄도 모르면서 힘없이 당하고 기가 죽어있는 것이 보이지도 않아?"

말없이 듣던 딸은 내게 기대며 훌쩍였다. "너도 엄마 노릇하느라 고생이 많구나. 안다, 그 마음." 나는 딸을 꼭 끌어안고 등을 두드려주었다. 며칠 후 딸에게서 전화가 왔다. 그때 엄마가 일깨워주셔서 고맙다는 말과 함께 앞으로는 아이들을 좀 더 너그러운 마음으로 대하겠다고 했다.

이제는 초등학생이 되어 더 심한 개구쟁이가 된 두 아들을 다독여가며 인내로 키우는 딸은 가끔 두 팔을 벌리고 내 품에 와서 안긴다. 그럴 때마다 나는 딸에게 미안하고 안쓰럽고 고마운 마음이 든다. 올바른 교육을 시킨답시고 야단만 많이 치고 충분히 품어주지 못했던 것에 대한 미안함과, 자라면서 허전했을 마음을 이제라도 채우고 싶어 어린애 마냥 달려드는 딸에 대한 안

쓰러움과, 그런 부족한 어미였음에도 원망하지 않고 감사의 마음을 표현해주는데 대한 고마움이다.

딸아, 나같이 부족한 어미에게 양육 받고 컸을망정 너는 네 아이들을 향한 사랑을 가슴속에 품고 있지만 말고 마음껏 표현하면서 살아라. 네가 그렇게 염려하지 않아도 바르게 잘 자랄 아이들이란 것, 그리고 너는 나보다는 훨씬 훌륭한 엄마가 되리란 것을 믿는다.

지금 알고 있는 것을 그때도 알았더라면 너에게 좀 더 좋은 엄마 노릇을 해줄 수 있었을 텐데….

(현대수필 2015 봄)

아버지 안녕히 가십시오

그해 겨울은 왜 그리 을씨년스러웠을까. 부모님 댁에 가던 날도 진눈깨비가 날리며 사방이 우중충 어두웠다. 미국에서 공부하고 있는 아들을 보러 가기 며칠 전이었다. 감기로 자리에 누워계시던 아버지가 우리를 맞으려고 웃으며 일어나 앉으셨다. 조금 염려가 됐으나 워낙 건강하신 분이니 곧 회복하시리라 믿고 우리 내외는 큰 걱정 없이 출국했다. 겨울방학 동안 두 달 남짓의 계획이었다. 아들을 만나 다시 그곳에서의 생활에 적응하면서 한 달이 채 못 된 어느 날 언니한테서 전화가 왔다. 아버지가 위독하시다고 했다. 믿어지지 않았다. 아무리 연세가 높으시다 해도 가벼운 감기 증세쯤으로 이렇게 빨리 나빠지리라고는 예상치 못했었다. 모처럼 엄마가 만들어주는 따뜻한 밥을 먹게 되어 즐거워하던 아들에게 상황을 설명하고 다시 가방을 쌌다. 여기저기 재회를 약속한 사람들에게도 전화로 다음을 기약하고 남편과 나는 귀국 비행기에 올랐다.

멍한 정신으로 얼마를 지났을까 비행기가 언제 이륙했는지 어느새 태평양 상공을 날고 있었다. 저만치 아래로 흰 구름이 한가로이 떠다니고 아득히 먼 곳에는 하얀 꽃잎만 한 배들이 떠다니는 짙푸른 바다가 보였다. 아버지! 입속으로 가만히 불러보자 목이 메었다.

우리 아버지! 그 세대 누구나 그러했듯이 한평생 고스란히 이 나라의 곤고한 역사의 한가운데를 살아오신 분이다. 일본지배 36년의 어둡고 가난한 세월을 견뎌냈으며 갓난쟁이 나를 포함해 네 남매를 데리고 6 · 25전쟁의 소용돌이를 뚫고 가정을 지켜내셨다. 평화를 찾은 이 땅에서의 삶이라고 어디 평탄했던가. 정치적 불안과 경제적 궁핍은 그렇다 치자. 난리에 버금가는 4 · 19와 5 · 16을 겪으면서 여섯 남매 누구 하나라도 행여 다칠세라 하루도 마음 편히 지내지 못하셨을 아버지. 황제펭귄처럼, 세상의 극심한 추위는 온통 당신이 막아서 자식들은 바깥세상이 추운 줄도 모르고 자라게 해주신 우리 아버지였다.

아버지는 20세기가 시작되고 16년 되던 해 경기도 한 시골에서 태어나셨다. 어려운 가운데도 꿈을 키우셨고 그 꿈을 이루기 위해 서울로 오셨다. 집안 어른들의 동의를 받지 못해 노잣돈

한푼 없던 아버지는 서울로 가는 기찻길을 따라 무작정 걸으셨단다. 서울 친척집에서 사촌동생들을 가르치며 학교를 다니셨다. 타고난 영민함으로 전문학교 건축과를 졸업하여 당시에는 흔치 않던 1급 건축설계사가 되셨다. 때를 못 만난다는 것은 우리 아버지의 경우를 일컫는 말인 것 같다. 우리나라에 건설 붐이 일고 건축가들이 활발하게 일할 수 있던 것은 아버지가 퇴직을 하고 나서였으니 말이다.

건축 일이 많지 않던 시절이었으나 아버지는 타고난 근면함과 성실함, 그리고 아무도 따라오지 못할 만큼의 섬세함, 꼼꼼함으로 건축계에서는 신임받는 분이셨다. 한꺼번에 세 명의 자녀가 대학을 다닐 때는 아버지가 제도용 책상에 앉아 설계도를 쌓아놓고 밤을 새우는 날도 많았다. 어떻게 해서라도 우리 여섯 남매의 등록금은 제때에 낼 수 있게 해주려 애쓰셨다. 아버지는 쑥쑥 커가는 여섯 자녀들의 교육을 낙으로 삼으셨다. 그런 아버지 덕분에 우리 형제들은 우리나라에서는 처음 나온 여섯 권짜리 ≪우리말 큰 사전≫을 비롯해 ≪세계대백과사전≫등을 누구보다도 일찍 곁에 놓고 공부할 수 있었다. 우리가 시험공부할 때면 과목을 가리지 않고 가르쳐 주시던 아버지였다. 나는 대학을 다닐 때도 미적분, 미분방정식을 비롯해 아버지께 많은 것을 배웠다.

어릴 때 다리가 아파하는 나를 출근길에 학교까지 업어다 주시던 일이 불현듯 떠오르며 가슴이 먹먹해졌다. 여섯 남매 중 유난히 몸이 허약한 나를 언제나 딱한 눈길로 바라보시던 모습. 그 모자라던 딸이 결혼을 하고 애엄마가 되고 나서 다시 공부를 시작했을 때 아버지는 누구보다도 기뻐하시며 딸에게 필요한 계산기를 선물하셨다. 계산기가 일본 제품이므로 설명서를 손수 우리말로 완벽하게 번역한 공책도 함께 주셨다. 또한 중년을 넘어선 내가 여가를 이용해 일본어를 배운다고 하자 여든의 아버지는 일본어 공부에 필요한 한자 사전도 만들어 주셨다.

그뿐만 아니다. 내 아들이 대학에 입학했을 때는 공학도들이 쓰는 복잡한 계산기를 선물해 주셨다. 그때도 물론 설명서와 함께였다. 복잡한 계산기였으므로 나 때보다 훨씬 두터운 대학노트에 줄 하나, 그래프 하나까지 완벽하게 작성해 주셨다. 아들은 외할아버지의 선물을 손에 들고 할아버지의 능력에 다시 한 번 놀라고 그 정성에 감동했다. 나는 나대로 아들은 아들대로 번역해주신 설명서와 사전을 아직도 유품으로 소중히 간직하고 있다. 그것은 딸을 향한, 손자를 향한 내 아버지의 사랑 표현이었다.

눈을 감고 있어도 정신은 말갛기만 하고 제발 위독하시다는 것은 자녀들의 오판이었기를 바라며 기도하는 마음으로 열네 시간이 넘는 비행을 끝내고 병상에 누우신 수척한 아버지를 뵈었다.

아버지는 내가 오고 있다는 말씀을 들으시곤 숨을 몰아쉬는 중에도 그 강인한 정신력으로 눈을 감지 않고 계셨다. 아버지의 손을 잡고 "아버지!" 부르는 순간, 타는 듯이 아픈 가슴에서 눈물이 터져 나왔다. 아버지는 순한 아기의 눈빛으로 나를 알아보신다는 듯 미세하게나마 머리를 끄덕여주셨다.

숨을 거두신 아버지의 모습이 주무시는 것과 다르지 않게 평화로워 보였다. 평생 자녀들의 권면을 뿌리치고 단호하게 거부하시던 분이셨는데 병환이 시작되면서 마음을 돌려 예수님을 영접하셨다. 그래서 아버지의 영혼이 천국으로 가셨기에 그 모습이 너무나 편안해 보였고 우리 자녀들도 다시 천국에서 만나뵐 소망으로 슬픔을 달래며 아버지를 배웅했다.

"아버지, 안녕히 가십시오. 부디 안녕히…."

(2011. 5.)

엄마를 보내드리며

물과 불은 어디에서 나뉘나

말없이 뒤를 따라갑니다
몸 안쪽 가둬둘 수 없는 연못이 뒤척입니다

비가 옵니다
검은 상복 위로 후드득 떨어지는 빗방울
몸 안과 밖이 다 젖어 발걸음이 뒤처집니다

승화원 투명 유리문 앞에 멈춰선 행렬

산 자와 죽은 자를 가르는 건 유리 한 장의 두께일 뿐

하얀 너울을 둘러쓴 죽음이 붉은 십자가를 짊어지고
안개 속으로 몸을 밀어 넣습니다
어디에서 끝날지 모르는 수천 길 크레바스를 미끄러져 갑니다
유리 이쪽과 저쪽에서 삶과 죽음이 마주보며 나누는
마지막 인사가 아득히 흩어집니다

한생을 정리하기 위해 흰 장갑의 사내가 불을 지핍니다
불길은 높이 타오르고
피어나는 수천 송이 불꽃이 혀를 내밀어
제단을 닦아냅니다
고요히 이어지는 망자의 마지막 춤사위
죽은 자의 몽상이 시작됩니다
점점 격렬해지는 춤 끝에 기다리고 있는 달디단 잠
잠의 깊은 계곡에 닿지 못한 기억의 부스러기가
오랜 시간 제단 주위를 떠다닙니다

비가 그쳤습니다
제단 밖 사람들은
젖은 제의를 벗어 물기를 털어냅니다
꼭 잡았던 손을 놓기 위한 긴 하루였습니다, 이젠

산 자들의 몽상이 시작되는 시간

슬픈 허기가 한꺼번에 몰려들고
눈꺼풀이 잠의 무게를 이기지 못해 자꾸만 감깁니다.

엄마를 보내드리며

삐빅 삑~~. 심박동 모니터의 그래프가 일직선을 그렸다. 힘겹게 한 번씩 봉우리를 그릴 때마다 작은 소리를 내던 기계, 생명을 이어가고 있음을 알리던 기계가 제 할 일을 다했다는 듯 입을 다물었다. 여섯 자녀의 오열이 한꺼번에 쏟아졌다. 그리고 사흘 동안 문상객을 대하느라 더 이상 밖으로 흘러나오지 못하는 눈물이 가슴속에 차올랐다.

엄마의 발인날, 아침부터 가랑비가 흩뿌리기 시작했다. 다른 형제들은 소리를 죽여가며 흐느꼈으나 나는 앞선 언니의 검은 상복 위로 떨어지는 빗방울들을 멍하니 바라보며 소리 없이 뒤를 따랐다.

6 · 25 사변이 터지기 며칠 전, 엄마는 나를 이 세상에 내보냈다. 몸조리도 제대로 못한 채 갓난쟁이 나를 업고 위로 세 아이

를 데리고 피난을 다녔다. 제때에 끼니를 챙겼을 리 만무했고 나오지도 않는 빈 젖을 물고 악을 쓰며 우는 나를 끌어안고 엄마도 참 많이 울었다던데, 이 비는 무엇인가. 아직도 다 못 흘린 눈물이 엄마한테 남아있었던 것일까.

상복이 차츰 젖어들었다. 어느 순간 눈이 젖기 시작했다. 그것이 더 이상 가둬둘 수 없어 안으로부터 넘쳐 나온 눈물인지 머리칼을 적시고 흘러내린 빗물인지 알 수 없었다. 발걸음이 점점 무거워졌다.

깨끗한 건물에 가지런하고 엄숙하게 늘어선 화장방들, 그 가운데 여덟 번째 방이었다. 십자가가 붉게 그려진 흰 천을 덮은 엄마의 관이 유리문 저쪽 레일 위로 올려졌다. 자식들이 유리창 너머로 멀리 사라지는 엄마를 향해 마지막 인사를 올렸다. 고요한 흐느낌 속에 엄마의 말씀이 들리는 듯했다. 엄마인들 못 다 한 말이 얼마나 많았을까.

감았던 눈을 떴다. 그때 불꽃이 실제로 보인 것도 같고 아득한 몽상 속에서 타오르는 불길을 본 것 같기도 했다.

나를 세상에 보낸 엄마를 이제 내가 보내드린다. 아무도 가본 적 없는 미지의 세계로. 유난히 무서움을 많이 타는 엄마가 가는 길을 이제는 함께할 수 없는 자식들 대신 천사들이 돌봐드리기만을 기도했다.

모든 절차를 끝내고 밖으로 나오니 비는 이미 걷히고 어스름

밤이 내리고 있었다. 갑자기 허기가 밀려왔다. 생각해보니 온종일 아무것도 입에 넣지 않았다. 엄마를 보내고도 자식인 나는 배가 고프다는 사실이 죄스럽고 아팠다. 빽빽한 눈을 비비며 갈비탕 국물을 떠 넣었다. 아무도 아무 말도 하지 않았다. 아니, 하지 못했다.

(문학나무 2016 봄)

슬픈 꽃향기

"찔레꽃 향기는 너무 슬퍼요~ 그래서 우리는 목 놓아 울었죠…."

무심히 틀어놓은 TV에서 나오는 노래가 내 귀를 사로잡았다. 저녁 준비를 하던 손을 멈추고 TV 앞으로 갔다. 평소에 들어보지 못하던 노래였다. 노래를 부르는 그분의 음색이 얼마나 애절하게 마음을 파고들던지 난 쉽사리 등을 돌려 부엌으로 가지 못한 채 노래가 끝날 때까지 붙박인 듯 TV 앞에 서 있었다. 가슴속에 왠지 모를 슬픔이 출렁거리기 시작했다. 노래가 끝났지만 난 그 자리에서 꼼짝할 수 없었다. 그리고 순간 눈물이 터져 나와 소파에 엎드려 한참을 울었다. 엄마, 엄마였다. 노래 한 곡에 나를 그토록 오열하게 만들었던 것은 돌아가신 엄마에 대한 그리움과 애달픔이었다.

우리 집 가까이에 있는 신트리 공원에는 '자연학습 공원'이라는 이름에 걸맞게 봄부터 갖가지 아름다운 꽃들이 피어난다. 하얀 데이지를 시작으로 공원 가장자리를 두르고 있는 영산홍들이 흐드러지게 피고 살구꽃과 배꽃이 다투어 핀다. 6월에 접어들면 장미 정원에는 자신이 얼마나 고고한 가문 출신인가를 알리는 품종표를 단 장미들이 색의 조화를 이루며 향기를 흩날린다. 그 향기가 점차 사그라들 무렵이면 내가 기다리던 옥잠화가 흰 꽃대를 내밀기 시작한다. 요즘 옥잠화가 한창 만개하고 있다. 매일 저녁 산책길에 나는 어둠 가운데서 흰빛의 진한 향기를 내뿜는 옥잠화에게 다가가 길게 내민 꽃의 향기를 맡곤 한다.

중학교 3학년 여름방학, 엄마가 병환으로 입원하셨던 적이 있다. 다행히도 방학 중이어서 우리 자매들이 엄마의 빈자리를 대신할 수 있었다. 맏딸인 언니가 어린 동생들을 돌보면서 집안일을 해냈고 둘째 딸인 나는 엄마의 병실을 지키며 돌봐드렸다. 간병인 제도가 없었으니 가족이 모든 일을 감당해야 했다. 언제나 그렇듯이 환자를 돌보는 일은 쉬운 일이 아니다. 하지만 나는 정성으로 엄마를 돌봐드렸다. 저녁때면 병실을 순회하는 수간호사가 내 머리를 쓰다듬어 주면서

"어린것이 아주 착하구나. 네가 이렇게 잘 돌봐드리니 엄마는

곧 회복하실 거야. 너무 염려하지 마라." 하며 따듯한 말로 위로해 주곤 했다.

병원시설이 지금과는 비교할 수 없을 정도로 열악했다. 보호자 식사준비실에 취사도구라고는 연탄 화덕 하나 달랑 있을 뿐이었다. 모두 어른인 다른 보호자들 틈에서 나는 연탄불을 차지하지 못해 제때에 밥을 해먹는 일도 힘겨웠다. 보호자들의 밥 지을 냄비가 창틀에 빈틈없이 늘어서있던 광경은 지금도 악몽처럼 눈에 선하다. 내 차례가 겨우 되었나 싶으면 어떤 아주머니가 잽싸게 새치기하는 일도 많았다. 그럴 때면 어리고 약한 내가 할 수 있는 일이라곤 아무 대꾸도 못하고 뒤로 물러나는 것뿐이었다.

가끔 언니가 음식을 해서 가지고 오면 그렇게 고맙고 반가울 수가 없었다. 음식도 고마웠지만 그보다는 오랜만에 언니를 만나는 것이 참으로 기쁘고 잠시나마 언니를 의지할 수 있어서 안심이 되고 새 힘을 얻을 수 있었다.

그때 엄마의 병실 바깥쪽에는 옥잠화가 한창 아름답게 피어 있었다. 온종일 병실을 지키고 있기가 답답해지거나 엄마가 잠드신 듯하면 나는 밖으로 나가 화단 앞에 쪼그리고 앉아 옥잠화의 진한 향기를 맡으며 마음을 달랬다. 아픈 엄마께는 웃는 얼굴로 대하려 애썼지만 마음은 늘 울고 싶었다. 엄마가 돌아가시면 어쩌나 하는 생각이 들기라도 하면, 세상에 무엇이 그보다 더 무섭고 두려울 수가 있을까. 엄마가 안 계신 세상은 상상조차 하기 싫었다. 특히 회진하는 의사와 아버지의 표정이 안 좋은 날이면 내가 옥잠화 앞에 앉아 있는 시간은 길어졌고 그곳에 앉은 채로 나는 엄마가 어서 빨리 회복되어 집으로 돌아오기를 간절히 빌며 눈물로 옷소매를 적셨다. 그렇게 지내기를 석 달쯤, 우리 여섯 남매의 기도가 하늘에 닿았을까 엄마는 드디어 퇴원해서 집으로 돌아오셨다. 그리고 나는 가끔 그곳의 옥잠화를 떠올리곤 했다.

엄마는 연약하셨으나 그래도 우리 6남매를 올곧게 키워 공부시키고 출가시키고 손자 손녀들이 태어날 때마다 정성껏 돌봐주셨다. 몇 년 전 늦여름, 옥잠화가 기운을 잃고 꽃송이를 떨어뜨릴 무렵 엄마 또한 생의 끈을 놓고 하늘나라로 가셨다. 아버지가 가신지 1년도 채 못 되어서였다.

유난히도 비가 많았던 올여름을 지나 조석朝夕으로나마 시원한 바람이 부는 여름의 끝자락에서 신트리 공원의 옥잠화는 제철을 만난 듯 싱싱하게 피어나고 있다. 엄마가 돌아가신 후 첫 여름엔 공원에 피어있는 옥잠화를 보자 눈물부터 터졌다. 그 어린 날 엄마를 간호해드리던 때가 생각났다. 병실 밖에 피어있던 옥잠화가 생각났고 엄마에 대한 그리움이 사무쳤다.

"엄마, 힘없는 표정으로 나를 바라보시던 그 눈동자가 기억납니다. 한없는 애처로움과 미안함이 서려있던 그 눈빛이 전해주던 말씀이 무엇이었는지 저는 압니다. 엄마, 지금은 도와드릴 딸도 없는 곳에 계시니 편안하셔야 해요, 아셨죠?"

그 후로는 옥잠화의 길고 흰 꽃을 볼 때마다, 그 향기를 맡을 때마다 목이 메인다. 누군가는 꽃향기가 어찌 슬프냐고 묻는다. 하지만 나는 안다. 옥잠화 향기가 내게 슬픔이듯이 어떤 사람에게는 찔레꽃 향기가 슬픔일 수 있고 또 누군가에게는 장미 향기조차도 슬픔일 수 있다는 것을.

(계간수필 2017 여름)

아, 스승님!

"선생님……."

병원 침상에 누워계신 선생님을 뵙자 마치 돌아가신 아버지를 뵙는 듯 눈물이 어린다.

병실 앞에서 서성이며 기다리시던 사모님을 따라 들어가니 병실 왼쪽 침대에 낯익은 얼굴, 많이 야위기는 했으나 환자라고는 믿기지 않을 만큼 맑은 얼굴의 선생님이 나를 맞아주신다. 엷게 웃으시며 이불 속에 넣고 있던 팔을 꺼내 힘들게 내 쪽으로 뻗으신다. 얼른 손을 잡아드렸다. 힘없는 손이지만 시험 성적이 나올 때마다 여고생이던 내 등을 두드려주며 더 잘하라고 격려해주시던 선생님의 그때 그 체온이 느껴진다.

고등학교 물리 시간. 태양계를 가르치던 선생님은 맨 앞자리에 앉아있던 내 눈을 한참 들여다보시다가 샛별처럼 눈을 반짝이며 수업에 열중한다고 칭찬해 주기도 했고 별로 특별할 것 없는 나를 늘 수제자라며 아껴주셨다. 또 한 분의 내 평생 스승님이 그렇게 병석에서 나를 맞아주셨다.

요즘처럼 고교평준화가 되어 있지 않았던 시절, 우리 학교는 일류학교에 들지 못했었다. 그래서였을까 개구쟁이 남녀 학생들은 조금이라도 잘 가르치려는 선생님의 마음을 알아드리지 못했던 것 같다. 우리들은 어렵기만 한 물리시간이면 딴짓을 하며 선생님의 속을 무던히도 썩혀드렸다. 가끔은 서운한 눈빛으로 이런 말씀도 하셨다.

"교사들의 보람은 좋은 제자들을 많이 키워내는 것이다. 남자들은 나중에도 큰 인물들이 되어 스승을 찾아오기도 하고 제자 노릇도 잘하는데 여학생들은 졸업하고 시집가버리면 그것으로 끝이다."

그 말씀을 들으며 나는 혼자 결심했다. 비록 여학생이지만 남자 동창들 못지않은 훌륭한 사람이 되어 여자도 얼마든지 좋은 제자가 될 수 있음을 꼭 보여드리겠노라고.

비록 성공한 여류 과학자가 되진 못했지만 결혼하고 아이 낳고 정신없이 살면서도 내 마음속엔 항상 선생님의 그때 그 말씀이 사라지지 않고 있었다. 그래서 결혼 후 가끔 안부 인사를 여쭙기도 하고 마흔이 다 된 나이에 다시 학생으로 돌아갈 때에도 선생님께 의논을 드리기도 하면서 내가 스스로 했던 결심을 지키려 애썼다. 늦은 나이에 다시 시작했던 공부를 사장시키지 말라며 당신이 근무하던 대학에 나가 가르칠 수 있는 기회를 주시기도 했다. 학교에 간 날은 강의 후 선생님의 연구실로 찾아뵙고 이런 저런 이야기도 나누며 자녀를 키우는 일이며 살아가는 지혜를 배우는 뜻 깊은 시간을 보내기도 했다. 그렇게 선생님은 내게 훌륭한 평생스승이 되어주셨다. 돌이켜보면 내게는 더할 수 없이 아름다운 추억을 안겨주신 고마운 분이다.

당장이라도 자리에서 벌떡 일어나 "신 선생, 뭐 먹고 싶어? 오늘은 내가 맛있는 것 사줄 테니 나가자." 하실 것 같은데 선생님은 이불을 덮은 채 누워만 계신다.

최근에 발간한 내 수필집을 펼쳐들고 선생님께 감사하는 글이 적힌 부분을 읽어드렸다. 선생님이 울컥 눈물을 보이신다.

"선생님, 저 잘했죠? 화학을 전공한 제가 수필집을 내었으니 칭찬해 주셔야죠."

나는 분위기를 좀 밝게 하려고 선생님의 손을 흔들며 그렇게 말했다.

"장하구나." 선생님이 힘들게 한마디하셨다. 이번에는 내 눈시울이 뜨듯해졌다.

"선생님, 꼭 털고 일어나셔야 돼요. 선생님이 제게 맛있는 것 많이 사주셨잖아요. 저 기다릴게요. 일어나셔서 꼭 다시 맛있는 것 사주셔야 돼요, 아셨죠?"

잡은 손에 힘을 주며 말씀드렸다. 이제야 당연히 내가 선생님을 대접해드려야 하지만 나는 흘러간 시간들, 그 아름답던 추억의 시간들이 그리워 그렇게 응석을 부렸다. 선생님의 눈가로 눈물이 주르르 흘러 떨어졌다. 티슈로 선생님의 눈물을 닦아드렸다.

시간이 흐르자 선생님은 바쁠 텐데 어서 가보라는 표시를 하셨다. 차마 발걸음이 떨어지지 않아 머뭇거리다 나는 두 손으로 선생님의 앙상한 손을 감싸 쥐었다. 선생님과 눈길을 마주하고 다른 환자들에게 방해되지 않도록 신경쓰며 선생님이 들으실 만큼의 목소리를 내어 기도했다. 기도를 하려고 눈을 감으면 눈물이 쏟아질 것 같아 눈을 크게 뜬 채,

"하나님, 우리 선생님을 꼭 회복시켜 주십시오." 간절한 마음으로 기도를 드리고 잡고 있던 선생님의 손을 이불 속에 넣어드렸다. 그리고 이불을 매만져 잘 덮어드리고는 병실을 나왔다. 뒤따라 나오신 사모님께 머리를 깊이 숙여 인사하고 발걸음을 돌렸다.

버스정류장을 그대로 지나쳐 한참을 걸었다. 속절없이 흘러간 세월, 쉬지 않고 흐르는 시간. 시간처럼 융통성 없는 것이 또 있을까. 쉬어갈 줄도 모르고 어느 누구에게도 차별 없는 시간. 너는 어쩌면 가끔 멈췄다 갈 줄도 모르니. 혼잣말로 중얼거려

보았지만 세월의 무상함을 탓한들 무엇할까.

감수성이 예민하던 청소년기에 우리들의 마음과 정신을 키워 주시던 스승님들이 이제는 차례로 저 세상으로 가시고 몇 분 남지 않은 분들도 연로하신 만큼 힘든 시간을 보내고 계신다. 함께 늙어가는 우리 제자들도 후일 언젠가는 그분들이 가신 길을 뒤 따라 가게 되겠지. 그것이 사람이 살아가는 정해진 이치이고 순서이겠지.

아직 여름의 끝자락에서 늦더위의 기세가 꺾일 기미는 보이지 않고 강한 햇살이 얼굴에 쏟아져 내렸지만 그것이 뭐 대수일까. 가방 속에는 양산이 들어있었으나 마음이 내키지 않아 꺼내지도 않았다.

슬프고 허전한 마음으로 걷다 보니 어느새 지하철역에 다다랐다. 집에 오기까지 한 시간 가량 눈을 감고 있었으나 잠은 오지 않고 환자복을 입고 힘없이 누워계신 선생님의 모습만 눈앞에 어른거렸다. 아, 스승님. 스승님.

(2014. 9.)

동상이몽

친구의 아들이 군대에 갔다. 친구는 아들을 훈련소까지 데려다 준 이야기며 일주일 만에 우편으로 온 아들의 옷을 받고 엉엉 울었던 이야기를 했다.

아직 아들을 군대에 보낸 경험이 없던 나로서는 그것이 그렇게 눈물을 흘릴 만큼 힘든 일인가 의아할 정도였다. 군대라는 것이 전쟁터처럼 사지死地도 아니고 좀 고되기는 하겠지만 뭘 그리 울고불고 할까. 또 군대에 갈 나이의 다 큰 아들을 훈련소까지 데려다 주는 것도 이상했다. 우리 오빠들도 군대 가는 날 아침 씩씩하게 인사하고 홀로 집을 나섰던 것으로 기억될 뿐 아니라 나도 아들이 군대 가는 날 그냥 현관에서 배웅할 것으로 생각하고 있었다.

석 달쯤 지나 그 친구를 다시 만났을 때 이번에는 아들이 백일 휴가를 나온다고 기대에 한껏 부풀어 있었다. 그리워하는 마음이 절절했다. 휴가가 다가오자 친구는 그 애가 좋아하는 반찬거리를 잔뜩 사가지고 돌아와서는 콧노래를 부르며 정성껏 음식을 만들어 놓고 기다렸다. 마침내 아들이 집에 왔다. 검게 탄 얼굴에 조금은 야윈 듯한 얼굴이 오히려 건강해보이고 그렇게 대견해 보일 수가 없었다. 자신은 밥을 먹었는지 어쨌는지 기억이 안 날 정도로 반가운 아들에게 이것저것 먹게 권하면서 그간의 무용담을 들었다.

"어머, 세상에!"

"그게 정말야?"

"그나마 다행이다, 얘."

"역시 우리 아들 장하다."

맞장구를 쳐가며 이야기를 듣는 동안 아들은 식사를 마치고 이층 제 방으로 올라갔다. 내 친구는 설거지도 미뤄둔 채 온갖 솜씨를 발휘해서 서너 가지 과일을 예쁘게 깎아 접시에 담고서는 쟁반에 받쳐 들었다. 엄마와 떨어져 그 힘든 훈련을 받는 동안 엄마가 얼마나 그리웠을까. 오늘은 밤새 그동안 밀렸던 이야기를 나누며 모자간의 정을 나누어야겠다. 아들도 이 날을 많이 기다렸겠지. 생각하며 방으로 가는 계단을 올라가고 있었다. 발소리를 들은 아들이 후다닥 방문을 열고 마중 나왔다. 순간 친구는 너무나 기뻤다. 저 녀석이 이 엄마가 얼마나 그리웠으면 들어갈 새를 못 기다리고 달려 나올까 하는 생각으로 아들이 그렇게 고맙고 사랑스러울 수가 없었다. 그때였다. 아들은 웃으며 아무렇지도 않게 말했다.

"엄마, 과일 접시는 저를 주시고 엄마는 내려가서 일보세요. 엄마가 들어오시면 시간을 너무 많이 뺏기잖아요."

아들은 과일 접시를 빼앗듯이 받아 들고 방으로 들어가 문을 닫아버렸다. 친구는 다리에 힘이 풀렸다. 멍하니 바라보다가 빈 손으로 뒤돌아 내려오는데 말할 수 없는 배신감이 몰려들며 동시에 눈물이 주르르 흘러내렸다.

원래 입담도 좋고 이야기도 구수하게 잘하는 그 친구가 말했다.

"그 ○○놈, xx놈, 내가 저를 얼마나 기다렸는데, 그래 이 엄마보다 친구들하고 수다 떠는 게 그렇게 급했던 모양이지. 내가 이제 제깟 놈을 기다리면 사람도 아니다. 너희들도 너무 아들 생각 마라. 너무 아끼고 애달파할 것도 없어. 아들이란 놈들 다 그런 놈들이라니까. 만약에 내가 지 애인이나 마누라였다면 그랬겠니? ○○할 놈, xx할 놈."

듣고 있던 우리는 친구의 구수한 욕설이 재미있어서 배꼽을 잡고 웃으면서도 아들을 기르는 입장에서 내 아들이 그랬다면 정말 얼마나 서운했을까 충분히 공감할 수 있었다.

내리사랑이란 말이 이래서 생겨난 것 아닐까 싶다. 부모가 자식을 생각하는 것만큼 자식들은 부모를 생각해 주지 않는다는 것, 그것은 자식이 나빠서가 아니라 원래 태생적으로 그렇게 지어진 존재들이라는 것을 인정해야만 하는 일일 게다. 나도 내 아이들이 머리가 굵어지고 말하자면 독립할 준비를 해나가는 단계에서 너무나 서운해서 혼자서, 또는 남편한테 하소연하면서 운 일이 몇 번인가 있다. 그때마다 남편은 부모가 이해해 주어야 한다며 나를 달래주곤 했다. 자식을 언제나 짝사랑해야 하는 것이 부모된 자의 운명이라고도 했다. 그래도 서운함이 가시지 않고 있던 어느 날 내가 고등학생이었을 때부터 나를 아껴주시던 스승님을 만났다. 나는 아이들에 대한 서운함을 말씀드렸다. 그랬더니 선생님이 내게 물으셨다.

"신 선생, 신 선생은 그 나이에 부모님한테 안 그랬어? 잘 생각해 봐요. 지금 딸이나 아들이 하는 것과 똑같이 했을 거야. 아마 더하면 더했겠지 덜하진 않았을 거라구. 이북 속담에 이런 말이 있지. 그 나이에는 '부모를 팔아서 친구를 산다.' 그러니 절대로 서운해 할 일이 아니고 내 아이가 잘 성장하고 있다는 뜻으로 받아들여야 하네."

'부모를 팔아서 친구를 산다.'라는 말이 가슴에 와 닿았다. 맞다. 친구들을 보느라 내게는 뒷모습만 보이는 애들이 그렇게 서운했었는데, 밖으로만 돈다고 내가 너무 다그쳤었구나 하는 생각이 들었다.

그래도 내 아들은 휴가 온 첫날만큼은 오직 이 엄마하고만 단둘이서 오붓한 시간을 가져주면 좋겠다는 소망을 버릴 수 없다. 아는 대로 실행에 옮기는 것이 쉬운 일이 아닌 것 또한 세상살이의 이치인가 보다. 이런 생각을 하며 혼자 웃는 이 아침 맑은 가을하늘에 햇살이 눈부시다.

(한국문인 2014년 12월)

이 여름을 보내며

볼라벤, 덴빈, 마치 국제 테러범 같은 이름을 가진 태풍이 연달아 우리나라를 괴롭히고 있다. 볼라벤의 엄청난 태풍으로 파괴된 집과 농토, 망쳐버린 1년 농사를 생각할 겨를도 없이 뒤따라온 덴빈은 폭우까지 동반해 피해 입은 곳에 다시 더 큰 피해를 줄 것 같다고 한다. 힘겨웠던 이 여름은 마감조차도 이렇듯 힘겨워야 하는 것일까.

7월에 들어서면서부터 시작된 가뭄이다. 비 한 방울 내리지 않는 하늘을 바라보는 농부들의 애타는 마음을 아는지 모르는지 태양은 어찌도 그리 태연히 밝게 빛나고 있는 것일까. 내리쬐는 태양의 열기로 외출조차 하기 겁나던 시간들, 매미의 울음소리마저도 귀찮은 소음으로 들릴 만큼 이 여름은 혹독했다. 인간이 이 지구를, 자연을 아껴주지 않은 것에 대한 무서운 결과, 지구 온난화의 심각성에 섬뜩해진다. 이어지는 폭우의 위력도 만만치 않다.

다시 내리쬐는 태양열로 허덕이는 여름의 끝자락에 태풍이 불어닥쳤다. 한낮에 서해안을 지나는 태풍의 영향권에 든 서울에서도 서쪽에 자리 잡은 우리 집 마루에 앉아 바람에 속수무책으로 당하는 나무들을 보았다. 바람이 미는 대로 밀리면서도 제자리를 지키려고 안간힘을 쓰는 나무들, 하지만 곁가지들은 사정없이 잘려나가고 있었다. 열린 베란다 문틈을 비집고 들어오는 바람이 화분 바닥에 쌓였던 낙엽을 휘몰아 거실 안쪽으로 내팽개쳤다. 문을 닫으려니 내 힘으로는 성난 바람을 이기지 못해 하는 수 없이 그 바람이 지나가기를 기다렸다가 다시 힘을 내서 닫으며 나는 자연에 대한 경외심과 두려움에 마음이 떨렸다. 아무 형체도 없는 바람이 조금 열린 창틈으로 밀고 들어올 때의 무시무시한 소리와 괴력, 자연의 힘에 견줄 수 없는 인간의 연약함, 그리고 잠시 찾아오는 고요함. 되풀이되는 회오리바람과 고요함의 자리바꿈을 보면서 사람의 살아가는 모습이 자연과 참 많이 닮아있다는 생각이 들었다.

아직 남서해안을 지나고 있는 덴빈의 영향으로 서울은 지금 서늘한 바람과 함께 비가 내리고 있다. 열어놓은 창문으로 흩뿌리는 빗줄기를 바라보며 잠시 생각에 잠긴다. 60년을 넘게 살아온 내 인생에서 올해만큼 무덥고 마음 복잡했던 시간들이 또 있었을까 싶은 생각이 든다.

그래도 한동안은 런던 올림픽에서 들려오는 즐거운 소식들로 웬만한 더위는 이겨낼 수 있던 시간도 있었다. 심판들의 오심으로 분노하는 순간들도 있었지만 예상치 못했던 선수들이 메달을 따고 태극기가 게양되면서 애국가가 런던 하늘에 울려퍼질 때 느끼는 희열은 잠시나마 삶에 지친 국민들 마음에 엔도르핀을 선사해주기도 했으리라. 설거지를 하며 곁눈으로 선수들의 선전하는 모습을 보며, "잘했다. 참 잘했다." 함께 기뻐해줄 수 있어서 행복했다. 그러나 행복했던 시간들이 지나면서 들려오는 갖가지 사건들.

세상이 왜 이렇게 무섭게 변해가고 있는지 모르겠다. 사람 사는 이치는 옛날이나 지금이나 크게 다르지 않으련만 너무나 흉포해져 가는 사건들을 접하면서 아연해지지 않을 수 없다. 전자발찌를 한 채로 저지른 살인. 두 아이를 절대로 엄마 없는 아이들을 만들지 않을 거라는 소박한 한 젊은 여인의 꿈을 짓밟고 꽃다운 한 가정을 파탄 내 버린 사건 앞에서 느끼는 울분. 범죄자의 인권 운운하는 동안 죄 없는 사람들의 인권이, 생명이 마구 짓밟히는데 법이 만인에게 꼭 평등해야만 하는 것일까 하는 의구심마저 든다.

때와 장소를 가리지 않고 하루에도 몇 건씩 흉악범죄가 일어나는 것을 보면서 왜 이 지경에 이르렀나를 생각해 보지 않을 수 없다. 남의 나라가 몇 백 년이 걸려도 이루지 못한 경제발전을 단 몇 십 년 만에 이룬 나라라고 자부심을 가졌던 마음이 고개를 숙인다. 정보통신이 발달하면서 스마트 폰 3천만 시대에 들어섰다. 어린아기를 제외한 모두가 손에 든 기계에 몰두하면서 다른 사람과의 소통에 서툴러지고 인간의 삶에서 무엇보다 소중한 인간관계는 등한시하게 되고 말았다. 차분히 이야기해서 해결할 수 있는 일을 곧바로 과격한 행동으로 표출시키고 만다. 내 자녀들이 살아가야 할 세상이 좀 더 따듯하고 인간의 정이 넘치는 아름다운 세상이 되려면 어찌해야 할까.

열대야가 한창 기승을 부려 깊은 숙면을 취하지 못하고 새벽에 일어나 행여나 반가운 소식이라도 있으려나 하고 열어본 이메일. 그곳에는 예기치 못한 슬픈 소식이 있었다. 가까이 지내는 지인의 딸의 자살 소식. 머리를 망치로 얻어맞은 듯 잠시 아득했다. 공부하느라 늦게 결혼해 얻은 아이라 아직 서른이 채 안 된 나이인데 무엇이 얼마나 그 애를 힘들게 했기에 세상을 등져야했을까. 남겨진 긴 세월 자식을 잃은 슬픔을 그는 또 어떻게 감당해 나갈까.

지인을 생각하며 흘리던 눈물이 채 마르기도 전에 들려온 시누이의 별세 소식. 남편의 하나뿐인 여동생은 사소한 사고로 시작된 병으로 자그마치 10년의 세월을 고통 속에서 지내다 끝내이 여름을 넘기지 못하고 하늘나라로 갔다. 결 곱고 선하게 살아온 그의 마지막 10년의 고통이 마음을 아프게 한다.

유난히도 힘겨웠던 이 여름도 서서히 끝나가고 있다. 이제 괴로운 마음을 정리하고 새로운 계절을 맞이해야 한다.

여름이 끝나고 다가오는 가을을 맞으며 시인 릴케는 이렇게 노래했다.

> 주여, 때가 왔습니다. 지난여름은 참으로 위대했습니다.
> 해시계 위에 당신의 그림자를 드리우시고
> 들에는 바람이 일게 하소서.

부디 내년 여름이 끝나갈 무렵에는 나의 마음에서도, 우리의 마음에서도 이런 시구詩句가 흘러나올 수 있기를 기대해본다.

(2012. 8.)

5부

그놈의 애호박

엄마 배에서 나오고 싶어요
너 내가 누군 줄 알아?
저 먹구름 속에도 햇살이
대추 두 알
떼어 보내기
그놈의 애호박
언니
악몽이 꿈틀댄다
소꿉친구들의 아름다운 변신
알파고(AlphaGo)
행복하기로 하자

엄마 배에서 나오고 싶어요

아이를 입양해서 키우는 사람을 보면 나는 무조건 존경한다. 나같이 부족한 사람은 엄두도 못 낼 일을 하는 분들이기 때문이다. 자녀를 낳아 키워 본 사람들은 아이 하나 키우는 것이 얼마나 힘든 일인 줄 다 안다. 지난날을 돌이켜보면 두 아이를 낳아 키우면서 내 배 아파 낳은 내 핏줄의 자식을 키우기도 여간 힘든 일이 아니었다. 철없이 속을 썩일 때면 나도 모르게 손이 올라가는 것을 참느라 기도하는 마음으로 버텨낸 일이 어디 한두 번이던가. 하물며 피 한 방울 섞이지 않은 아이를 사랑으로 키우는 저들은 도대체 얼마나 훌륭한 사람들일까 존경하지 않을 수 없다.

예전에 우리나라는 핏줄을 중요하게 여기는 전통이 있어서

부득이한 경우 아이를 입양하게 되면 비밀로 하는 것이 보통이었다. 그 비밀이 탄로날까 겁내며 여러 번 이사를 하면서까지 아이가 절대로 모르게 하려고 애를 썼다. 그러다가 청소년기쯤 들어선 어느 날 그 비밀을 알아버리게 되는 경우 대부분의 아이들은 충격을 감당하지 못한다. 가출을 하든가 자신을 다스리지 못해 반항하고 엇나감으로써 부모의 가슴에 못을 박는 이야기를 주변에서 심심치 않게 들어왔다.

우리 교회에 젊은 부부가 있다. 결혼하고 몇 년간 임신이 안 되고 인공수정도 실패하자 이들은 아기를 입양했다. 아주 착하고 잘생긴 사내아이였다. 그런데 아기를 입양한 얼마 후 아기엄마는 자연적으로 임신이 되었고 아들을 낳았다. 젊은 내외는 두 아들을 차별 없이 큰아들, 작은아들로 정성을 다해 키우면서 많은 사람들을 감동시키고 있다. 어느 날 기도 제목을 나누는 시간에 나는 그들의 이야기를 듣고 깜짝 놀랐다. 네 살 된 큰아이에게 동생은 엄마가 낳았지만 너는 엄마가 낳지 않았다는 것을 가르치고 있는데 아이가 잘 받아들이고 적응하게 기도로 도와달라고 했다. 왜 그렇게 했을까. 왜 저 어린것에게 굳이 그것을 알려주어야 할까. 저 어린것이 이 엄청난 일을 어떻게 받아들이라는 것일까.

내가 염려의 마음으로 다가가니 아기엄마가 그렇게 하는 이유를 말해 주었다. 입양기관이 긴 세월 동안 많은 사례를 지켜보며, 또 경험자의 이야기들을 종합 분석해서 내린 결론이란다. 가능한 한 일찍 아이에게 그 사실을 알려주는 것이 아이의 충격을 줄여주는 일이란다. 말하자면 한꺼번에 받을 큰 충격을 어릴 때부터 오랜 시간에 나누어 분산시키는 것이란다. 그래서 입양기관에서 교육받은 대로, 또 그 기관과 긴밀한 상담을 하면서 그렇게 하는 것이라 했다. 하지만 나는 한참을 생각해도 이해할 수가 없었다. 설령 사춘기에 그 사실을 알게 되어 심한 몸살을 앓는다 치자. 아무리 그래도 그렇지 지금 저 어린것이 그 말을 듣고 얼마나 힘이 들까.

어린아이들은 아우가 태어나면 부모의 사랑을 동생에게 빼앗긴다는 위기감을 갖게 마련이다. 자신이 누리던 왕좌를 아우에게 내주지 않으면 안 되는 상황을 받아들이기 힘들어 있는 떼, 없는 떼 마구 부리며 한동안 아우 타느라 혼란을 겪는 법이다. 하물며 이 아이의 경우는 그것에 더해 엄마 품에 안긴 저 동생을 낳은 엄마가 자신은 낳지 않았다는 것까지 받아들여야 하니 얼마나 힘이 들것인가. 동생도 똑같이 입양을 했다면 동지의식이라도 느끼겠지만 그것이 아니잖은가. 아이의 사고가 어른이 염려하는 것만큼 깊지는 않을지 몰라도 지금 저 아이는 어린 나이에 인생에서 너무나 큰 고개를 넘어야 하는 것이리라. 그 허하고 슬픈 마음을 어른인 우리가 짐작이라도 할 수 있는 걸까. 너무나 마음이 아팠다.

같은 또래의 손자가 있는 나는 그 아이를 볼 때면 딱하고 가여워서 다가가 품에 안아주려 했으나 아이는 다른 사람의 관심과 사랑을 거부했다. 같은 또래와 어울리려 하지도 않았고 늘 부모 품에 매달려 있었다. 교회에서 특별한 잔치가 있는 날에도 다른 아이들은 무대 위에서 신나게 웃고 떠들며 율동을 하는데 이 아이는 무대 위로 올라가려 하지 않았고 억지로 올려놓아도 혼자 끝에 서 있을 뿐이었다. 그 아이의 행동에서 내가 읽어낸 것은 '나는 다른 아이들과는 다르다. 저 애들은 다 낳은 엄마가 있는데 나는 아니다.'라는 거였다. 내가 그 아이의 마음을 옳게 읽었는지는 모르겠다.

훌륭한 것은 그 젊은 내외였다. 오랫동안 지켜보아도 두 아들에 대한 사랑이 지극했다. 보면 볼수록 그들이 존경스러웠다. 나이로 치자면 내 자식뻘에 불과하지만 존경하는데 나이가 무슨 상관이랴. 보통 사람은 꿈도 못 꾸는 일을 해내는 그들이 자랑스럽고 대견하고 고맙다. 아이는 한동안의 혼란기를 거치며 더욱 부모에게 매달리고 힘들게 하더니 어느 날부턴가 점차 밝아지기 시작했다. 이제는 다른 아이들과도 잘 어울려 놀고 다가가 말을 시키면 대답도 잘한다.

나중에 들은 이야기다. 아이가 자기도 엄마 배에서 태어나고 싶다며 놀이를 하자고 했다. 엄마와 함께 이불을 뒤집어쓰고 그 이불이 엄마의 배라고 하며 이불을 힘들게 빠져나오는 놀이를 원했다. 물론 아기엄마는 몇 번이고 정성껏 그 놀이에 응해 주었고 아이는 점차 밝아지기 시작했다. 어린것이 자신의 정체성을 갖기 위해 그런 생각을 하며 노력한다는 것이 말할 수 없이 기특했다. 그러나 한편으론 가슴이 저리고 아파 한동안 먹먹한 가슴을 부여잡고 있어야 했다.

이 어린것이 지금은 힘들겠지만 부디 나날이 밝고 건강하게 성장해서 청소년기도 잘 넘기고 훌륭한 청년이 되어 부모의 기쁨이 되어주기를 바란다. 그래서 내가 염려했던 것이 다만 기우였을 뿐이고 경험자들의 판단이 정말 옳았음을 몸소 증명해 보이는 귀한 사람이 되어주면 좋겠다. 자식은 배로 낳으나 가슴으로 낳으나 전혀 다름없이 귀한 존재라는 것을 보여주는 젊은 내외와 그 자녀들이 주님의 축복을 받으며 행복한 가정을 이루어 가기를 우리 교회 모든 식구들은 힘을 모아 기도해주고 있다.

(수필과비평 2016 가을)

너 내가 누군 줄 알아?

지난 12월 15일 국립국어원은 '2014년 표준어 추가 사정안'을 통해 "국민들이 실생활에서 많이 사용하고 있으나 그동안 표준어로 인정되지 않았던 '삐지다, 놀잇감, 속앓이, 딴지' 등 13항목의 어휘를 표준어로 인정한다."고 발표했다.

우리가 쓰는 언어도 세월에 따른 변화를 비켜갈 수는 없는 것이겠지. 요즘이 어떤 시대인가. 대부분의 사람들이 눈만 뜨면 스마트폰을 손에서 놓지 않는 시대다. 이제 막 손가락을 꼼지락거리기 시작한 손녀딸도 제 아비만 보면 스마트폰을 달라고 해서 가지고 논다. 나이 든 우리에겐 새로운 세계처럼 낯설기 만한 그 복잡한 기계를 아이들이나 젊은이들은 마치 장난감 다루듯 한다. 그러다 보니 보다 빠르고 사용하기 편리한 쪽으로 새로운 단어가 자꾸 생겨나게 된다. 처음엔 낯설게 느껴져 잘 사용하지 않던 나 같은 사람도 어느새 그들이 사용하는 말들을 아무렇지도 않게 쓰게 된다.

아주 오래전 '싸이질'이란 말이 잠시 생겼다 사라진 일이 있다. 인터넷상에 싸이월드라는 것이 생겨 너나 할 것 없이 싸이월드에 매달려 있으니 부모들이 '너 그놈의 싸이질 좀 그만하고 공부 좀 해라.' 했었다. 지금은 거의 쓰지 않는 이 단어도 오픈국어사전에서 찾아볼 수 있다. 한데 요새는 '카톡질'이라는 말이 생겨날 판이다. 어디를 가나 '카톡, 카톡….' 소리가 끊이지 않는다. 이러다가 카톡질이란 말도 어느 날엔가는 표준어가 되어 떡하니 국어사전에 오르게 될 것 같다

싸이질, 카톡질이란 신조어는 그렇다 치고 말 끝에 '-질'이 붙은 단어들이 상당히 많다. 연애질, 도둑질, 서방질, 계집질, 싸움박질…. 대부분 좋지 않은 뜻으로 '-질'이 쓰인다.

전에는 들어본 적이 없으나 요새는 세상을 떠들썩하게 하는 단어 '갑甲질'도 표준어일까 싶어 사전을 찾아보았으나 아직은 사전에 오르지 못한 모양이다. "찾으시는 단어가 없습니다. 각질로 찾으시겠습니까?"라고 나온다. 사전에도 오르지 못한 갑질이 세상을 어지럽히고 있다.

작년엔 N유업의 갑질로 세상이 떠들썩했었다. 대리점의 판매능력을 넘어선 양量을 강제로 맡기고 다 팔지 못하면 갖은 불이

익을 떠넘기는 회사의 행패. 대리점에서는 어쩔 수 없이 1+1 이라고 덧붙여 파는 행사를 연달아 해야 했고 소비자는 멋도 모르고 한 개 값에 두 개를 받을 수 있으니 횡재한다고만 생각했다. 나도 그 대열에 열심을 냈던 사람으로서 대리점, 또는 소매점의 속사정을 듣는 순간 부끄럽고 죄스러워 한동안 마음이 편치 않았었다. 내가 좋아하며 산 그 제품 속에는 저들의 피눈물이 들어있었던 것이었는데, 나는 그런 것은 생각도 할 줄 모르는 무지하고 무정한 소비자였다.

"너, 내가 누군 줄 알아?" 이런 말을 스스로 내뱉는 사람치고 제대로 된 사람을 본 적이 없다. 정말 훌륭한 사람은 겸손하게 고개 숙이고 있어도 다른 사람들이 다 알아보게 되어있다. 그것이 순리다. 오죽 알아주는 사람이 없으면 자기 입으로 그렇게 말을 해야 하는 걸까, 딱한 사람들이다.

"뽑아만 주시면 낮은 자리에서 여러분의 성실한 일꾼이 되겠습니다."

뽑아놓으니 국민의 심부름꾼을 자처하던 국회의원이 술 마시고 행패 부리고 군림하려든다. 미안한 줄도 부끄러운 줄도 모르고 갑질을 해댄다.

대한항공의 땅콩회항 사건에 이르면 벌어진 입이 다물어지지 않을 만큼 아연해진다.

"히야, 부잣집 딸은 저렇게도 사는구나."

얼마 전 마을버스를 타고 가다 내려야 할 때가 되어 하차버튼을 눌렀다. 하지만 기사는 딴 생각하느라 그랬는지 정류장에 세워주지 않고 그냥 통과했다. “아저씨, 내려주세요.” 소리도 못하고 하는 수 없이 다음 정거장에서 내렸다. 그리고는 약속시간에 늦을세라 지나친 한 정거장을 종종걸음으로 되돌아왔다. 이런 못난 나 같은 사람은 몇 겁의 세월을 다시 태어나면 출발하는 비행기를 돌려 세울 만큼 저렇게 기세 좋은 갑질을 할 수 있을까. 그때 비행기에 타고 있던 승객 250명은 각자 나름대로의 상황이나 상태나 계획 같은 것이 다 있었으련만 그들은 갑의 안중에는 없는 다만 짐짝이었던 걸까?

갑甲의 눈에 을乙은 어떻게 보이는 걸까. 을이란 오직 갑의 이익을 위해 존재하는, 그래서 갑이 아무리 횡포를 부려도 당하고 살 수밖에 없는 그런 존재?

살아오면서 혹시 나는 누군가에게 갑질한 적은 없었을까 생각해본다. 베란다의 화초들이 마음에 걸린다. 꽃이 예쁘게 피었을 때는 관심을 보이고 돌봐주다가 꽃이 지고 볼품이 없어지면 아무 거리낌 없이 내다 버린 일이 한두 번이 아니다. 그 화초들에게 나는 분명히 갑의 위치였고 을의 마음 같은 것은 읽으려 하지도 않았다. 어디 화초뿐이랴. 모르긴 해도 무의식중에 갑질을 해서 다른 사람의 마음을 아프게 한 일이 제법 있으리란 생각이 든다.

우리는 어릴 때부터 배우며 자랐다. '사람 위에 사람 없고 사람 밑에 사람 없다. 모든 인간은 동등하다. 나보다 못하다고 무시해서는 안 된다. 남을 배려할 줄 알아야 한다. 특히 잘난 사람, 많이 가진 사람은 그렇지 못한 사람을 잘 보살필 줄 알아야 한다.'

모두가 그렇게 배우며 자라 어른이 되었는데 어째서 오늘날 잘 자란 어른들이 이렇게 자신의 힘을 마구 휘둘러 약한 자에게 상처를 입히는 세상이 되었을까. 그들은 자신이 가진 힘을, 자신만이 발휘할 수 있는 그 크고 좋은 힘을, 누군가 도움이 필요한 사람들을 위해 선하게 써서 좋은 세상을 만드는데 크게 한몫을 할 수도 있으련만.

고개 숙인 아버지와 딸의 사과가 진정성 있는 것일까. 여론 무마를 위한 제스처로 밖에 보이지 않는 것은 오랜 세월 갑들이 하는 짓을 보아온 많은 을乙들, 즉 소시민들의 공통적인 감정이리라.

갑의 갑질이 을을 위해 하는 선한 일이라는 뜻으로 쓰일 수 있는 날이 있을까? 아니, 그런 의미로는 갑질이라는 단어가 어울리지 않을 테니 어떤 새로운 단어가 필요할 것 같다. '을乙을 위한 갑甲의 선행'이란 뜻으로 좋은 단어가 하나 만들어져 국어사전에 등재될 날이 오기를 바라 마지않는다. 그러기 위해서는 나부터 사람들을 대할 때, 아니, 모든 사물을 대할 때 좀 더 겸손하고 신중한 마음가짐으로 말하고 행동해야겠다는 다짐을 해 본다. 베란다의 가득한 화초들 위로 겨울 햇살이 따사롭게 내려 앉아 쉬고 있다.

(수필미학 2015 봄)

저 먹구름 속에도 햇살이

점심을 차리려는데 갑자기 쏴아~ 세찬 소나기가 퍼붓는다. 오전만 해도 강한 햇살이 눈부셔 모자를 깊이 쓰고 걷기 운동을 하고 들어왔는데 이게 웬일인가.

앞, 뒤 베란다 창문을 활짝 열어젖혔다. 손을 내밀고 차가운 빗물을 두 손바닥에 한참 받았다. 아, 이것이 얼마 만에 맛보는 시원함인가. 나는 점심을 차리던 손길을 잠시 멈추고 마루 끝에 앉아 베란다를 지나 빗겨 들이치는 빗물에 얼굴을 내밀고 눈을 감은 채 심호흡을 했다.

메르스. 꼭 외제차 이름 같은 이 질병에 대해 TV에서 처음 들던 날 이후 시작된 답답함을 무엇으로 표현해야 할까. 사우디를 여행한 한 사람이 옮겨왔다는 이 병으로 인해 온 나라가 패닉상태에 빠져가고 있다. 매일 새 감염자가 늘어나고 사망자가 10%를 넘어서고 있다. 그동안 감염사례가 없었다고는 하나 아무 대처도 하지 않고 있던 정부도 의료계도 국민들의 원성을 피할 수는 없게 되었다. 우리나라 제일의 대형 병원 응급실을 드나든 사람들이 무더기로 격리되고 병원 응급실이 폐쇄되는 곳이 늘어나고 있다. 드디어는 학교가 휴교에 들어가는 지경에 이르렀다. 그러자 사람이 많은 곳을 피하려는 심리 때문에 영화관이나 공연계, 백화점, 식당까지 고객이 줄었다. 그뿐만 아니다. 해외 관광객들의 취소 사태가 벌어지고 있어 나라의 경제마저 끝 모르는 침체로 빠져들고 있다고 한다. 거기에 SNS까지 가세하는 바람에 확실치도 않은 글들이 퍼져나가 사람들을 더욱 큰 혼란에 빠뜨리고 있다.

엎친 데 덮친 격이라고 124년 만이라던가 대가뭄기에 접어들었다고 한다. 극심한 가뭄으로 논과 밭이 타들어가고 전국의 저수지나 강이 바닥을 드러내고 있다. 양수기가 쉴 새 없이 돌아가도 사람의 힘으로 이 가뭄을 막기에는 역부족이다. 하늘엔 구름 한 점 없고 비 소식이 들려와도 그저 잠시 몇 방울 뿌리는 것이 고작이었다. 숱한 사람들의 젊은 시절 추억을 품고 있던 산정호수도 드러난 바닥을 겸연쩍은 듯이 화면에 내보이고 있다. 언제 끝날지 모르는 재앙이 이 나라를 덮고 있다는 느낌 — 우리는 지금 아주 어둡고 긴 터널을 지나고 있다는 이런 느낌이

국민 모두를 힘들게 하고 있으리라 여겨진다.

총리 인준안은 이번에도 결말을 못 짓고 있다. 대통령이 방미를 미루고 총력을 기울인다 해도 이 어려운 상황에 총리도 없으니 국민들은 울화통이 치밀고 답답한 마음뿐이다. 어찌 청문회에서 박수를 받으며 통과하는 사람은 단 한 사람도 없단 말인가.

천둥이 친다. 저 소리가 왜 이리 반갑고 고마운가. 그래 어서 어서 서둘러라. 번개도 천둥도 쉬지 말고 쳐라. 비야, 흠씬 쏟아져라. 저 타들어가고 갈라진 대지를 흠뻑 적시고 이 나라 아름다운 강산에 생기를 불어넣어 다오.

나라의 혼란한 상황 앞에서 서로가 자신을 돌아보고 모두 힘을 합쳐 이 난관을 뚫고 나가야 할 때이다. 믿는 사람이나 아닌 사람 가릴 것 없이 모두 먼저 자신의 죄부터 살펴야 한다는 생각으로 나도 무릎을 꿇고 두 손을 모은다. 이 나라는, 이 세상은 '나'라는 개체가 모여서 이루고 있으니 모든 것에서 나는 아무 잘못 없다고 자유롭게 말할 수 있는 사람은 아무도 없으리라.

퍼붓는 비가 지금 우리가 겪고 있는 이 답답하고 힘든 상황을 깨끗이 씻어가 버리면 좋겠다. 강바닥에 드러났던 모든 더러운 것들을 쓸어가 버리고 기운을 잃고 한숨만 쉬던 농부들의 타는 마음을 적셔주면 좋겠다. 메르스 바이러스도 습도가 높으면 활성이 줄어든다니 이참에 그놈의 바이러스도 완전히 활기를 잃고 항복하는 계기가 되면 좋겠다.

아울러 감염의 가능성이 높은 줄 알면서도 피하지 않고 한 사람의 환자라도 살려내려고 본연의 임무에 충실한 의사와 간호사들에게 경의를 표하고 싶다. 일선에서 밤낮없이 고군분투하는 그들의 노고가 헛되지 않기를 바라며 그 노력으로 이 메르스 사태가 하루빨리 끝이 나기를 간절히 기도드리는 마음이다.

아직도 하늘은 우리 국민들의 가슴 속처럼 먹구름으로 가득 차 있으나 저 먹구름은 다른 때와는 달리 우리에게 희망을 주는 귀한 먹구름이다. '모든 구름은 은빛 안감을 갖고 있다(Every cloud has a silver lining)'고 하질 않던가. 소나기로 식은 땅에서 모처럼 비에 젖은 흙내가 피어오른다. 내일에 대한 우리의 희망도 피어오르기를 기대해본다. 세상 돌아가는 것이 혼란스럽다 하여 나 또한 생각 없이 불평으로 투덜대며 물기 마른 잡초 같은 꼴이 되어있었던 것은 아닌가 되돌아본다. 두 손에 가득 찬 빗물이, 뺨을 적시는 빗방울들이 안으로 스며들어 바싹 메말랐던 내 마음을 촉촉이 적셔주면 좋겠다.

'반드시 잘 될 거야.' 간절한 마음으로 중얼대는 내 긍정의 생각이 저 넓은 세상을 향해 퍼져나가기를 바라며 부엌으로 발길을 돌린다.

(2015 한국수필작가회 동인지 ≪생각의 유희≫)

대추 두 알

지난여름 가물었던 탓에 올가을 단풍은 그 어느 때보다 아름다울 것이라 했다. 정말 하늘은 높고 푸르고, 물들어가는 산과 들이 더할 나위 없는 한국의 전형적 가을을 보여주고 있다. 아파트 단지 감나무엔 주렁주렁 탐스런 감들이 가지가 휘도록 매달려 익어가고 있고 대추나무에서는 날이 갈수록 빨긋빨긋 열꽃이 피듯 대추가 익어간다.

외출에서 돌아오는 길에 보니 인근 초등학교 아이들이 교사의 인솔하에 두 명씩 짝지어 집게와 봉지를 들고 길 가에 버려진 쓰레기를 줍고 있었다. 아무렇지도 않게 길거리에 과자봉지를 집어던지는 아이들을 보다가 이 애들의 행동을 보니 아무리 선생님의 지시에 따른 것이라 해도 그렇게 기특해 보일 수가 없었다. 나는 내 손주들이 착한 일을 하면 무엇이든 찾아내 칭찬과 함께 건네주던 버릇으로 가방을 뒤졌다. 마침 조금 전 문학교실에서 한 문우가 맛보라며 나누어준 굵은 대추가 두 알 들어 있었다. 얼른 그것을 꺼내 예쁜 두 여자아이에게 내밀었다.

“아가야, 너희들 참 착하고 예쁘구나. 너희 덕분에 동네가 깨끗해지겠다. 고맙다. 이것 먹을래?”

아이들은 고맙다고 깍듯이 인사를 하고 대추를 받았다. 그런데 한 걸음 옮기는 순간 ‘내가 괜한 짓을 했나?’ 하는 생각이 들었다.

만약 저 아이들이 오늘 배탈이라도 나면 어쩌지? 저 아이들은 어떤 할머니가 준 대추를 먹었다고 할 테고…. 여기까지 생각이 미치자 그 아이들의 부모를 떠올리게 되었다.

“모르는 사람이 주는 것 받아먹지 말라고 했어 안했어? 왜 엄마 말을 안 들어? 내가 못살아 정말. 그 할머니는 뭐하는 사람이야 도대체. 요즘이 어떤 세상이라고 함부로 남의 귀한 자식에게 먹을 것을 주는 거야.”

그 젊은 엄마를 욕할 생각은 추호도 없다. 이것은 나 혼자만의 상상일 뿐이잖은가. 다만 생각이 이렇게 돌아가는 시대를 살아가고 있다는 것에 서글픈 생각이 들었다.

모르는 사람이 길을 물어오면 친절하게 가르쳐줘야 한다. 어려운 일을 당한 사람을 보면 꼭 도와주어야 한다. 어른이 주시는 것은 '고맙습니다.' 하고 받는 거야. 우리가 어릴 때 받은 이런 교육이 요즘은 말도 안 되는 소리가 되고 말았다는 것이 마음 아프다. 어릴 때부터 타인을 의심의 눈으로 보도록 교육 받은 어린이들이 자라나 앞으로 꾸려나갈 세상이 두렵다.

내가 너무 부정적인 생각을 멀리 끌고 왔나? 어쩌면 그 아이들의 집에서는 이런 대화가 오갔을 지도 모르는 일 아닌가.

"엄마, 오늘 거리 청소를 했는데요. 어떤 할머니가 착하다면서 대추를 주셨어요. 친구와 한 개씩 사이좋게 나누어 먹었는데 참 맛있었어요."

"어머, 그래? 참 친절하신 분이로구나. 모르는 척 지나가도 무어랄 사람도 없는데 아마 그 할머니가 그때 자신의 손녀딸들을 생각하셨나 보다. 그치? 아무튼 그런 어르신들이 계셔서 세상은 아직 이만큼이나마 따뜻한 것일 게야. 너희도 그 할머니처럼 친절한 사람이 되거라."

며칠간 세상 사람들의 머리를 어지럽게 했던 캣맘 투석 살인사건의 전모가 밝혀졌다. 어제 오늘 일이 아닌 길고양이 문제를 놓고 벌어진 일인 줄 알고 모두들 세상이 이렇게 무서워져서야 어디 살 수 있겠느냐고 서로 가슴을 조이고 있었다. 늘어만 가는 길고양이에 대해 대부분의 사람들은 무심했으나 그것들을 가엾게 여겨 때맞춰 밥을 주는 사람, 즉 캣맘들이 늘어났다. 나는 내 몸 하나 건사하는 것도 힘든데 비가 오나 눈이 오나 저

미물들을 굶기지 않으려 정성을 쏟는 그들의 이야기를 들으며 생명을 귀히 여기는 마음이 따뜻한 사람들이라고 생각했다. 그런데 길고양이에게 밥을 주는 꼴이 보기 싫어 누군가 높은 곳에서 벽돌을 던져 결국 한 사람은 죽었고 곁에 있던 또 한 사람은 중태에 빠졌다고 하니 얼마나 무섭고 살벌하고 끔찍한 일인가. 누구나 나서서 해야 할 생명 살리기를 못하는 내가 부끄럽지 어떻게 자신의 생각과 다르다고 무죄한 사람을 죽일 생각을 할 수 있는 것일까.

하지만 그것은 초등학교 4학년 학생이 학교에서 배운 낙하실험을 하다 일어난 사고였다고 하니 그나마 마음을 쓸어내리게 된다. 돌아가신 분은 어떤 이유였건 간에 억울함을 벗어날 수는 없는 일이지만 그래도 살아있는 우리들은 그것이 고의적인 살인이 아니었다는데 한숨을 돌릴 수 있게 되었다. 물론 어린이에게 위험을 가르치지 않았다느니, 그 나이에 주변 상황을 살필 능력이 있느니 없느니 앞으로도 생각해야 할 문제들이 많은 것은 사실이다. 하지만 그나마 고양이를 살리는 캣맘에 대한 미움으로 저지른 일이 아니라는 데 우선은 쇠사슬에 묶인 듯 답답했던 마음이 어느 정도 풀리는 느낌이다.

우리는 사람이다. 심장이 뛰고 가슴이 따뜻하며 서로에 대한 믿음으로 보살피고 품어주며 자연과 더불어 살아야 할 사람이다. 어떻게 하면 우리 아이들에게 이웃에 대한 사랑과 믿음을 확실하게 가르칠 수 있는 사회를 이루어 나갈 수 있을까. 이런 일이 있을 때마다 나와는 상관없는 일이라고 그냥 지나칠 것이 아니라 다시 한 번 깊이 생각하는 반성의 시간을 가져야겠다. 어른의 거울인 아이들의 모습에서 잘살아낸 우리 어른들의 모습을 볼 수 있도록 지금 우리가 꼭 해야 할 일은 무엇일까. 할머니가 사랑의 마음으로 주는 대추 두 알을 기쁘게 받을 줄 아는 아이들, 우리가 길러낸 아이들이 이루어 갈 미래가 부디 지금보다 몇 배는 아름다울 수 있기를 기원해 본다.

(2015. 10.)

떼어 보내기

요즘 젊은 세대를 빗대는 말로 캥거루족이라는 말이 생겨나더니 요새는 빨대족이라는 말도 생겨났다고 한다.

어릴 때부터 독립하기를 훈련시켜 대학생이 되면 스스로의 학비를 벌어 쓰게 하는 서양의 부모들과는 달리 우리나라 부모들은 대학 학비를 대주는 것쯤 당연한 것으로 여기고 그것으로도 모자라 결혼 비용까지 책임져 준다. 게다가 아들의 부모는 최소한 전셋집이라도 마련해주고 싶어 하고 자식들도 그런 부모를 능력 있는 부모라고 좋아하는 것이 우리나라의 세태다. 이 정도에서 부모에게 기대는 마음을 끝내는 자녀들은 그나마 다행이다. 취업이 어려운 작금의 사회현상 때문일까, 결혼도 하지 않고 계속 부모 밑에서 부모의 도움을 받고 살아가는 젊은이들도 많다. 독립해서 웬만큼 사는 자녀들도 큰 일이 생기거나 하면, 전쟁을 겪고 또 전후 어려운 시절 허리띠를 졸라매고 기반을 이룬 부모에게 손을 벌리는 일이 적지 않은 듯하다. 캥거루는 저 혼자 뛰어다닐 만큼 커서도 급하면 어미의 주머니로 뛰어든다. 그래서 독립된 개체로 떨어져 나가지 못하고 걸핏하면 부모에게 의지하는 사람들을 일컬어 캥거루족이라고 부른다.

그러면 빨대족이란 말은 무슨 뜻일까. 얼핏 들어도 대충 무슨 말인지 감으로 느껴지기는 한다. 젊은이들 가운데 스스로 자립할 생각도 않고 계속 부모의 등골을 빨아먹는 족속들을 일컫는 말일 게다.

새 생명을 잉태하여 몸속에 열 달을 품고 있다가 세상 밖으로 내보낼 때 어미는 이루 말할 수 없이 극심한 출산의 고통을 겪는다. 그 지옥 같은 고통과 싸우면서 대부분의 산모는 다시는 아이를 낳지 않겠노라 이를 악물고 결심에 결심을 굳게 한다. 하지만 산고가 끝나고 고물고물 대는 새 생명을 품에 안으면 그간의 고통은 다 잊고 감사와 경이의 눈물을 흘린다. 그리고 온갖 정성을 다해 키운다.

자신의 몸과 이어져 있던 탯줄을 끊고 아이를 세상으로 내보낼 때 겪는 것은 육신적인 고통이다. 어미로서 느껴야 하는 고통이 한 가지 더 있다. 내 품을 의지하고 부모를 자신의 온 세계로 알고 커가던 아이가 어느 날 부모 품을 벗어나 넓은 세상으로 나가려 한다. 그럴 때 어미는 또 한 번 분리의 고통을 맛보게 되고 이때 느끼는 고통은 육신의 고통이 아닌 마음의 고통이다.

우리는 언제부턴가 내 자식에 대한 애칭으로 '내 새끼'라는 말을 쓰고 있다. 새끼란 짐승들에게나 쓰는 말이었는데 사람에게 그런 말이 당치도 않고 품위도 떨어뜨리는 말인 것 같아 처음에는 거부감이 들고 낯설기만 하더니 이제는 나도 손주들을 끌어안으며 "에궁, 예쁜 내 새끼." 하게 된다.

새는 알을 깨고 나와 둥지 안에서 눈도 못 뜬 채 입만 벌리고 어미새한테 먹이를 받아먹다가 깃털이 생기고 자라서 덩치가 커지면 어미의 훈련을 거쳐 저 넓은 창공을 향해 날아간다. 일단 새끼를 떼어 보내고 나면 새끼는 혼자의 힘으로 살아나가야 한다. 사람의 부모도 마찬가지로 어느 날엔가 내 품을 떠나 저 넓디넓은 세상으로 나가서 독립된 존재로 살아나갈 수 있도록 자식을 훈련시켜야 한다. 안타깝고 마음이 아파도 부모의 도움 없이 스스로의 힘으로 살아나갈 수 있도록 떼어 보내는 일이야말로 부모의 역할 중 가장 중요한 일이라 해도 과언이 아니리라.

(2014 한국수필작가회 동인지 ≪골목길 쉼돌에 앉아≫)

그놈의 애호박

조물주는 풀 한 포기 작은 벌레 한 마리 똑같게 만들지 않으셨다. 특히 사람은 어느 누구 한 사람 잘나고 못나고를 따질 수 없이 다 다르게 만드셨다. 심지어 쌍둥이조차도 완벽하게 똑같이 지으시지는 않는단다. 그것이 창조주의 능력이고 섭리이다. 나와 다른 너, 너와 다른 그, 그와 다른 우리. 아이를 키워보면 같은 부모의 피와 살을 받고 같은 어미 뱃속에서 열 달간 지내다 나온 아이들조차도 서로 다르다. 우리는 그것을 인정하고 아이를 키워야 한다.

학교에 모인 아이들은 더더욱 차이가 심할 수밖에 없다. 그래서 교사는 어렵더라도 한 아이 한 아이 잘 살펴서 타고난 재능과 적성, 즉 개성을 존중해주며 교육해야 하는 것이리라. 그런데 왜, 무엇 때문에, 누구의 편의를 위해 평준화를 시켜야 한다고 하는지 참 모를 일이다. 평준화를 해서 좋아진 것이 무엇이 있나. 학교의 서열이 사라진 것? 그래서 모든 아이들이 잘난 아이도 못난 아이도 구별 없이 다 잘 자랐던가?

다른 나라는 잘 모르겠지만 미국에서 살아본 적이 있고 잠시라도 그곳에서 아이들을 학교에 보내본 적이 있어서 그 나라의 교육이념이랄까 시스템에 대해서는 조금 안다. 그곳에서는 각 아이들의 특성을 찾아내려 여러 가지 노력을 기울인다. 영어, 수학 등의 점수로 아이들의 우수성을 논하지 않는다. 아이들의 등수를 매기고 그 등수가 마치 인간의 우수성을 나타내는 척도라고 생각하는 우리와는 본질적으로 다른 교육방식이란 것을 느꼈다.

한 학기를 끝내면서 그들은 학기 전반에 걸쳐 배운 것을 과목별이 아닌, 하나의 교육과정으로 묶어 종합적인 발표를 하게 한다. 그리고 아주 조그만 일이라도 다른 아이보다 나은 소질을 보이면 작게나마 칭찬하는 상을 주며 격려해줄 뿐 아니라 그 방면으로 배워볼 수 있는 기회를 부여해준다. 따라서 아이들은 몇몇 학과목의 점수와는 상관없이 높은 자존감을 갖게 된다. 교장을 비롯해 모든 교사들과 학부모들이 모여 아이들의 성취를 축하해주며 한 학기를 마감하는 아름답고 자유롭고 모두가 행복한 방학식을 한다.

각자 독특한 삶을 살아가야 할 어린 자녀들을 평준화시킨다는 발상 자체가 잘못된 일이 아닐까. 어디에 기준을 두고 평준화를 한다는 말인가. 결국엔 다른 자식이 내 자식보다 잘하는 꼴을 보기 싫은 편협한 학부모들 탓에 천재성을 타고난 아이들마저 평준화의 틀에 맞춰 모두 하향평준화에 이르게 된 것 아닌가.

나는 그놈의 봉지애호박만 보면 가슴이 답답하고 숨이 막히는 듯하다. 똑같은 모양, 똑같은 크기의 비닐봉지에 들어앉아 인간이 원하는 만큼만 자란 호박. 분명히 유전자엔 더 크라는 명령이 들어있을 텐데 억지로 성장을 멈춰야 하는 호박의 원성이 들리는 듯하다. 인간이 조금만 더 생각할 줄 아는 피조물이라면 아무리 말 못하는 식물이라 해도 이렇게 대해서는 안 되는 것 아닐까. 애호박은 원래 크기도 다르고 굵기도 다르고 구부러짐도 다르다. 하지만 평준화의 굴레를 쓰고 자란 봉지애호박은 씌워준 봉지가 똑같으니 모두 똑같은 크기와 모양만큼밖에 자라지 못한다.

인간은 어찌 이리 자기 생각만 하고 동물이건 식물이건 그들 나름대로의 생김새를 인정하지 않고 자신이 원하는 대로 만들려는 만행을 서슴지 않는 것일까. 하나님은 천지를 창조하시고 만물을 지으시고 만물의 영장인 인간에게 하늘과 땅과 바다와 그 가운데 살고 있는 모든 것을 다스리라고 맡기셨다. 다스린다는 것은 내가 원하는 대로 내 하고 싶은 대로 다룬다는 뜻이 아니다.

잘 보살피고 잘 자라도록 쾌적한 환경을 마련해주고 미물일망정 행복해질 권리가 있음을 인정하고 돌봐주어야 한다는 뜻이리라.

마트에서 반찬거리를 사려다 매대 가득히 쌓여있는 봉지 호박을 볼 때마다 한숨이 나오고 내가 어디 꼼짝 못하도록 붙들려 매어 있는 것 같은 생각에 치가 부르르 떨린다. 저 애들은 인간의 잔인함에 얼마나 몸부림치면서 여기까지 왔을까. 그래서 저 몸속에는 또 얼마나 많은 원망의 독소가 가득 퍼져 있을까 싶어 선뜻 손이 가지를 않는다.

생명은 소중하다. 순리대로 자라야 한다. 사람이건 짐승이건, 아니 표현 못하는 식물일지라도 창조주에게 부여받은 모습대로 존중받으며 살아야 한다. 사람이 맡은 바 소임을 제대로 하지 못하고 자신의 욕심만을 위해 이 지구위의 생명체들을 괴롭힌다면 언젠가 무서운 재앙이 되어 우리에게 되돌아올 것만 같아 두렵다. 옷깃을 여미고 엄숙한 마음으로 '다스리라' 명하신 신의 뜻을 다시 헤아려 봐야할 것이다. 채소 중에 값싸고 대접받지 못하는 애호박일망정 그저 자연스럽게, 생긴 대로, 자라고 싶은 만큼 자라도록 해줄 수는 없는 걸까?

그놈의 봉지 애호박들을 볼 때마다 평준화교육의 틀에 갇힌 아이들의 신음소리가 들리는 듯하여 마음이 아프고 답답한 것은 나만이 느끼는 일일까?

(좋은문학 2015 통권 제60)

언니

8월 중순에 접어들면서 더위는 절정을 달리고 있다. 모처럼 집에서 쉬고 있을 언니네 놀러가려고 집을 나선다. 날씨야 불볕 더위지만 언니를 만날 생각에 그깟 더위쯤 문제가 되지 않는다.

나는 우리 언니를 아주 좋아한다. 언니! 속으로 불러만 봐도 따뜻하고 애틋하다.

내게 같은 부모의 피를 물려받은 친언니는 단 한 사람뿐이다. 나는 어려서부터 언니를 의지하고 살았다고 해도 좋을 만큼 언니는 내게 넓고도 푸근한 치마폭이 되어주었다. 엄마한테 꾸중 듣고 훌쩍일 때 언니는 한 번도 모른 척하지 않고 나를 달래주고 위로해주었다. 특히 사춘기를 지나면서 밥 굶는 것으로 반항하며 방에 틀어박혀 울고 있을 때면 언니는 언제나 엄마 몰래 밥을 챙겨 내게 왔다. 그리고 등을 쓸어주며 몸도 약한 아이가 밥까지 굶으면 어쩌느냐며 내 손에 수저를 쥐어주었다.

우리나라에서는 새로운 만남이 있고 차츰 가까워지기 시작하면 의례히 서로의 나이를 확인하고 서열을 정하는 풍습이 있다. 나는 족보상 언니나 형님이라고 불러야 하는 인척관계 외에는 아무에게나 반죽 좋게 그런 호칭을 잘 쓰지 못한다. 하지만 모두 그렇게 형님, 아우님 하는데 나 혼자만 고집할 수도 없어서 나도 어느 날부턴가 꼭 필요할 때는 나보다 나이가 많은 사람을 형님이라 부르려고 애쓰고 있다. 하지만 언니라는 말은 아직도 내 언니 외에는 웬만해선 쓰지 않고 있다. 그만큼 언니라는 호칭은 내게 있어서 의미 있고 소중한 말이다.

살아오면서 친언니만큼은 아니어도 내가 언니라고 부르며 존경하고 사랑하고 의지하는 언니가 몇 명 더 있다. 사실 낯가림이 심한 내가 언니라고 부르고 싶은 마음이 들게 했다는 것은 그분들의 인품이 내 낯가림을 덮고도 남음이 있기 때문임은 두말할 것도 없다.

어려서부터 동생들한테 엄마의 사랑을 빼앗기고 산다는 피해의식 때문이었을까, 나는 새로운 동생을 만드는 일은 생각조차 하지 않고 살았다. 한편으로 생각해보면 나는 내 언니가 내게 하듯 좋은 언니가 되어줄 만큼 마음씀씀이가 넓지 않은 자신을 잘 알고 있기 때문이기도 하다. 동생 노릇은 별 특별한 노력 없이도 잘할 수 있지만(사실 동생이야 노릇이라는 것이 따로 뭐가 있으랴.) 언니 노릇은 책임감이 느껴지고 부담스러워 가능하면 언니가 되는 일은 하지 않고 살았다. 내 이기적인 성격이 드러나는 부분이라 부끄럽기도 하지만 타고난 그릇이 그것밖에는 안 되니 나도 어쩔 수 없는 일이다.

아이들을 결혼시키면서 내게는 두 분의 언니가 더 생겼다. 아주 좋은 언니들, 바로 두 분의 사부인이다. 다행히도 두 분 모두 나보다 손위다. 아직은 예법에 어긋난다는 소리를 들을까 염려되어 사부인을 언니라 부르지 못하지만 내 마음속에서는 이미 언니로 모시고 있다.

먼저 내 딸의 시어머니인 사부인 언니, 나보다 두 살이 위다. 믿음 좋은 이분은 내 딸을 며느리로 맞이해 주님의 사랑으로 사랑하고 아껴주신다. 한 교회에서 그분의 인품에 반한 나는 내 딸을 사랑하는 청년이 그분의 아들이라는 것에 마음이 놓였다. 그분의 자녀라면 신앙 안에서 바로 자랐을 테고 그분이 시어머니라면 내 딸을 맡겨도 괜찮겠다는 믿음이 생겼다. 그래서 마음 놓고 내 딸을 보냈다. 딸을 보내며 나는 말했다.

"엄마는 많이 부족한 엄마였어. 뒤돌아보니 엄마가 된다는 것이 무엇인지도 모른 채 너를 낳아 모든 게 시행착오의 연속이었어. 첫아이로 태어나 너도 고생 많았다. 네 시어머니 되실 분은 내가 존경하는 몇 명 되지 않는 거듭난 신앙인 중 한 분이다.

내가 너를 육신의 엄마로서의 사랑으로 키웠다면 그분은 너를 예수님의 사랑으로 품어주실 거다. 잘 따르고 배우고 섬기면서 살거라."

또 한 분은 며느리의 친정어머니인 사부인 언니. 나보다 네 살이 많다. 귀한 딸을 낳아 곱고 바르고 예쁘게 키워 우리 집안으로 보내시면서 그분이 무엇을 걱정하는지, 시어머니인 내게 무엇을 기대하는지, 딸을 시집보내는 친정엄마의 마음을 너무나 잘 아는 나는 그분께 말씀드렸다

"많이 걱정되시죠? 하지만 너무 염려하지 마십시오. 친정엄마 만이야 하겠습니까마는 남의 집 귀한 따님 데려다 눈물 흘리게 하지 않겠습니다. 고부간의 갈등은 저희 세대에서 끝내야 한다고 생각합니다. 많이 아끼고 사랑해주려 노력하겠습니다."

일하는 우리 며느리를 위해 외손주들을 키워 주시면서도, 고마워하는 내게, 아이들을 키우는 일이 즐겁다고 늘 겸손하게 말씀해주시는 그분을 나는 진심으로 마음속에 언니로 모시고 있다.

사람이 한평생 살아가면서 나만큼 인복을 누리며 사는 사람이 또 있을까 싶게 내 주변에는 좋은 분들이 많다. 그중에서도 평생 아무 관계 없이 살아갈 수도 있었던 사람이었다가 특별한 인연으로 만나 내가 마음을 기대고 살아갈 수 있는 언니가 되어주신 분들께 감사할 뿐이다. 그 감사함에 보답하기 위해서라도 나는 나이

가 들어갈수록 동생 노릇이나마 잘해드려야겠다고 다짐해 본다. 더불어 내 친언니에게도 전보다 더욱 다정한 동생이 되어야겠다는 생각도 새롭게 해본다.

하루 종일 찌던 더위가 수그러들며 창밖으론 천둥 번개와 함께 시원스레 소나기가 쏟아지기 시작한다.

(좋은수필 2015년 6월)

악몽이 꿈틀댄다

아랫집 메리의 목줄이 걸게를 빠져 나왔다. 메리는 자유를 얻어 신이 난 듯 주인을 따라 뒷산으로 달려갔다. 겅중겅중 뛰면서 즐거워하는 모습에 나도 기분이 좋았다. 산자락을 따라 담 하나를 사이에 둔 아래, 윗집에 살면서 서로 친했던 사이여서 그 집의 덩치 큰 누렁이는 우리 식구를 보면 꼬리를 치며 반가워했고 우리도 오며 가며 누렁이를 쓰다듬어주면서 제법 정이 들어있었다. 그 집 가족들은 소풍에 필요한 용품을 사이좋게 나눠 들었다. 가마솥, 장작, 그리고 국자 손잡이가 삐죽이 드러난 그릇 보따리. 누군가의 손엔 야구방망이도 들려있었다. 산에서도 야구를 할 수 있나 보다고 어리석은 나는 생각했다. 어느 여름날 삼복더위 한가운데였다.

한여름 해는 아직 무거운 엉덩이를 지구에 걸친 채 일어날 생각을 않는데 아랫집 사람들이 귀가하는 소리가 들렸다. 포만감이 피어나는 얼굴, 번들거리는 입술, 그런데 메리가 보이지 않았다. 나와 함께 담에 기대 내다보던 엄마가 "몹쓸 사람들." 하며 혀를 쯧쯧 차셨다. 엄마가 혀를 차는 이유를 금방 알아차린 나는 그 자리에 주저앉아 울었다. 꼭 십 년 전 여덟 살에 받았던 상처가 곪아 터져버린 순간이었다.

초등학교 2학년이었다. 학교가 파하고 집으로 가고 있었다. 그날따라 늘 나를 데리고 다니던 오빠도 없었고 친구도 없이 나 혼자였다. 돌산 아래 공터에 철망을 빙 둘러치고 사람들이 모여 있었다. 시끌벅적 어수선한 틈으로 이상한 비명 소리가 들렸다. 키가 작아 보이지 않으니 그냥 지나쳐 갔으면 좋았을 것을 호기심에 어른들 틈으로 고개를 디밀었다. 그리고…. 그 끔찍한 장면을 보고야 말았다. 공터 한가운데 모닥불이 활활 타오르고 있었고 이미 그 불 위를 한 차례 통과한 듯 털이 검게 끄슬린 누렁이가 철망을 기어오르며 피를 토하는 듯 울부짖고 있었다. 나는 개한테서 그런 소리가 날 수 있으리라고 한번도 생각해본 적이 없었다. 죽음을 피하려는 몸부림과 고통이 그런 절박한 소리를 만들어냈으리라. 타오르는 불빛보다 더 이글대는 눈을 희번덕이며 남자들은 몽둥이로 누렁이를……. 아이들도 돌멩이를 던지며 어른들의 흉내를 내고 있었다. 세상에 나와 처음 보는 끔찍한 장면에 나는 다리에 힘이 풀려 주저앉았다. 속이 느글거려 몸을 구부리고 구역질을 했다. 빈속이라서 나올 것도 없었으나 나는 연신 헛구역질을 하며 눈물 콧물 뒤범벅이 되어 집으로 왔다.

엄마를 보자마자 행주치마에 얼굴을 묻고 슬프게 울었다. 놀라서 묻는 엄마께 흐느낌을 멈추지 못한 채 자초지종을 얘기했고 엄마는 내 등을 쓸어주면서 "몹쓸 사람들." 하며 쯧쯧 혀를 차셨다. 그 충격으로 나는 며칠 동안 앓아누워 밥을 목으로 넘기지 못했다.

소설가 한강의 ≪채식주의자≫를 읽었다. 매우 충격적인 내용이었다. 지루하지 않아 단숨에 읽어냈는데 그 후 계속 무언가 목에 걸린 듯 편치 않다.

≪채식주의자≫에는 주인공 영혜의 아버지가 보다 좋은 육질의 고기를 먹기 위해 끔찍한 방법으로 개를 죽이는 장면이 나온다. 어린 나이에 이 일을 목격한 영혜는 결혼 후 어느 날부터 잠재해있던 의식이 되살아나면서 결국 채식주의자가 되고 만다. 그러면서 벌어지는 가족 간의 갈등과 이해받지 못하는 영혜가 망가져가는 모습이 주된 이야기다. 죽어가는 개의 묘사를 읽기 시작하는 순간 내 기억 저편에 저장돼 있던, 지우고 싶었으나 지워지지 않은 채 남아있던, 생각조차 하기 싫었던 장면이 생생하게 되살아나 꿈틀대며 나를 괴롭히기 시작했다.

인간은 어디까지 잔인할 수 있는 것인가. 다 같은 생명인데, 이 땅에 살려고 목숨을 받고 태어난 생명들인데 내 입맛 좀 살려보겠다고 ―그러지 않아도 숱한 다른 종種들에게 생명을 빚지고 사는 우리가 ― 이런 일을 할 수 있는 것이 사람이라는데 더할 수 없는 비애감이 든다.

그렇다고 내가 채식주의자라는 뜻은 아니다. 육류소비에 일조하는 입장에서 이런 말할 자격이 있는지는 모르겠다. 적어도 미물일망정 그들의 생명도 존중해줄 줄 알아야 하는 것. 측은하고 미안한 마음을 가질 수 있을 때 만물의 영장이라는 호칭에 그나마 부끄럽지 않은 인간이 될 수 있을 것이리라.

책을 읽으며 되살아나 꿈틀대는 악몽 때문에 한참을 힘들었으나 그럼에도 불구하고 오랜 시간 깊이 숨어있던 기억을 꺼낼 수 있었으니 이젠 더 이상 가둬두지 말고 깨끗이 내 던져 버리고 이번 기회에 그 악몽에서도 자유로워지고 싶다.

(2016. 5.)

소꿉친구들의 아름다운 변신

겨울의 한가운데를 지나던 날이었다. 몰아치는 바람이 매서웠다. 그러나 꽃다발을 두 개나 품에 안고 그곳으로 달려가는 내 마음은 따뜻하기만 했다. 얼마 만에 만나는 친구들인가. 마음이 설레기까지 했다. 개막 10분 전, 공연장 문이 열리기 무섭게 들어가 친구들을 잘 볼 수 있도록 앞쪽 가운데 자리를 잡았다.

몇 달 전 초등학교 6년 내내 가까이 살며 등하교를 함께했던 친구 K에게서 전화가 왔다. 어릴 때 친구, 소위 소꿉친구란 참 이상해서 몇 년을 잊고 지내다 느닷없이 통화를 하건 만나건 시간의 갭을 전혀 느낄 수가 없다. 반갑게 안부를 주고받은 뒤 내게 L을 아느냐고 물었다. "그럼 알지, L은 내 중학교 동창인걸.

그런데 너는 개를 어떻게 알아?"

K는 실버연극반에서 활동하던 중 우연히 단원 중 한 사람인 L이 내 친구인 것을 알게 되었고 지금은 서로 이름을 부를 만큼 친한 친구가 되었단다. 연극 공연을 준비하는 중이라고 했다. "세상 정말 좁네." 우린 어릴 때처럼 까르르 웃음을 터뜨렸다.

학창 시절을 함께하며 깊은 사귐을 가진 친구들 간에는 긴 세월, 오랜 시간 만나지 못해도 마음속에 항상 변함없이 남아있는 그 무엇이 있다. 바로 우정友情이다. 통화를 하면서, 또 통화 후에도 난 그 친구와 평생을 이어온 귀한 우정이 느껴져 오랫동안 마음이 따뜻하고 흐뭇했다.

미국에 이민 간 친구가 있다. 그곳에서 미국 남자를 만나 결혼했다. 같이 중학교를 거쳐 고등학교에 다닐 땐 아주 친한 사이였지만 각자 다른 나라에서 살았으므로 어쩔 수 없이 가끔 편지만 주고받았을 뿐이었다. 우리가 마흔에 접어든 지 얼마 안됐을 때, 그러니까 헤어진 지 20년 정도 되었을 때 그 친구가 미국인 남편과 함께 한국을 방문했다. 나는 서둘러 친구들에게 연락해 작은 규모지만 동창 모임을 열어 그들 부부를 환영해 주었다. 친구의 방한 스케줄은 빠듯했지만 나는 그들을 우리 집으로 초대했고 친구는 기꺼이 시간을 내주었다. 우리 두 부부는 모처럼의 만남을 기뻐하며 마음을 터놓고 많은 이야기를 나눴다. 친구의 남편은 처음으로 방문한 한국에서 놀라운 것을 보았다고 했다. 고등학교를 졸업하고 흩어져 산 시간이 얼만데 아직도 이렇게 잊지 않고 반겨주고 세심하게 배려해줄 수 있는지 모르겠다며 감탄해 마지않았다. 미국이라면 이런 일은 불가능한 일이라고 했다. 그들에게도 우정이 없는 것은 아니지만 이렇게 까지 지극한 우정은 상상할 수 없었다고 했다. 그 당연한 일에 감동하는 미국 사람이 우리는 오히려 신기했다. 그런 것을 일컬어 한국인의 정情이라고 한다는 것을 말해주었다. 수십 년이 흘러도 마음속엔 정情을 간직하고 사는 민족임을 그가 제대로 이해했는지는 모르겠다. 특히 친구 사이에는 우정, 그 미묘하고 아름다운 감정이 흐르고 있음을 그가 느낄 수 있기를 바랐다.

연극이 시작되었다. 주인공을 비롯해 다른 출연자들은 눈에 들어오지도 않고 나는 당연히 K와 L에게 집중했다. 몇 십 년이 흘렀고 밝은 조명등 아래 배역에 맞춰 짙은 화장을 했고 화려한 의상을 걸쳤지만, 난 그들에게서 나와 함께했던 어린 날의 모습을 볼 수 있었다. 학창 시절엔 유난히 곱고 얌전하더니 지금은 승마에 드럼에 아주 씩씩하게 노년을 보내고 있는 L이 등장했다. 수다스런 아낙네 역할을 천연덕스럽게 잘도 한다.

뒤 이어 소꿉친구 K가 등장했다. 우린 아침이면 지각하지 않으려 종종걸음으로 학교로 향했고 학교가 파하면 단발머리를 팔랑이며 함께 손잡고 언덕을 넘어 집으로 가곤했다. 찬바람이 불면 바짝 붙어서 서로의 온기를 나누며 걸었고 더운 날은 언덕

풀밭에 누워 파란 하늘에 떠가는 구름을 보며 장난치며 놀았다. 이젠 기억력도 옛날 같지 않을 텐데 많은 분량의 대사를 어찌 저리 잘 외웠을까. 대학을 다닐 때도 연극반원으로 활동하면서 연극인이 되고 싶어 했던 그녀였다. 세 아이 키우며 사느라 꿈을 포기하고 지내는 것이 늘 안타까웠는데 늦은 나이지만 이제라도 못 다한 꿈을 펼치고 있으니 참 다행이란 생각이 들었다. 그래서인지 무대 위에 서있는 모습이 자연스럽고 행복해 보였다. 연극의 내용이나 배우들의 수준 같은 것은 하나도 중요하지 않았다. 그 애들을 보고 있는 내내 마음이 얼마나 즐겁던지, 그리고 자랑스럽던지 가슴이 벅차올랐다. 저 무대 위에 내 친구가 두 명이나 올라가 있다는 것이 표현할 수 없을 만큼 뿌듯했다.

초등학교 때 친구와는 60년, 중학교 친구와는 55년 지기知己다. 각자의 자리에서 나름대로 열심히, 바쁘게 살다가 이번에 거의 10년 만에 만나는 거였다. 생각해보니 두 친구 모두 9년 전 내 아들 결혼식장에서 본 것이 마지막이었다. 그때는 당연히 K와 L은 서로 모르는 사이였는데 지금은 마치 처음부터 우리 셋이 친구였던 것처럼 느껴지니 얼마나 신기한 일인가.

연극이 끝나고 무대 인사도 끝났다. 나는 얼른 무대로 올라가 도열해있는 출연자들 가운데 두 친구에게 다가가 꽃다발을 안겨주며 끌어안고 축하해주었다. 잠깐 서로의 눈빛을 보다 마음이 통한 우리는 어린 마음으로 돌아가 셋이 어깨동무를 하고 둥글게 서서 팔짝팔짝 뛰었다. 60년이란 세월은 어느새 먼 곳으로 사라지고 우린 학생가방을 등에 맨 어린이로 돌아가 있었다.

이런 것이 우정이라는 것이겠지. 10년, 20년이 아니라 꼬부랑 할머니가 되어서도 서로의 마음속에 간직하고 사는 보배로운 것 말이다. 정이 있는 나라, 정을 나누며 살 수 있는 나라에서 살아간다는 것, 그리고 평생 풋풋한 우정을 나누며 살아갈 친구들이 있다는 것, 그것만으로도 더할 나위 없이 행복했던 하루였다.

(2017. 2.)

알파고(AlphaGo)

요 며칠 동안 온 나라가 호기심으로 술렁인다. 아니, 온 세계가 촉각을 곤두세우고 구글 딥마인드(Google DeepMind)의 '알파고(AlphaGo)'와 이세돌의 바둑에 깊은 관심을 보이고 있다. 컴퓨터와 인간사이, 세기의 대결인 만큼 바둑엔 관심도 없던 나까지 긴장했다. 과연?

첫 번째 대국. 컴퓨터의 승리다. 모든 사람이 놀랐다. 이세돌도, 알파고의 개발자 영국인 데미스 하사비스도 놀랐다. 사람의 머리로 사람 손에 의해 개발된 기계에 사람이 졌다. 바꿔 말하면 인간이 만든 기계가 사람을 이겼다. 혹자는 인간의 패배라고 말하는 반면 어떤 이는 인간이 만든 것이 이겼으니 결국 인간의 능력이 이긴 것 아니냐는 그럴듯한 말을 하기도 했다.

첫 대국을 끝낸 후 기자회견에서 이세돌은 9단답게 웃으면서 말했다. 그때만 해도 처음은 탐색전이니 그럴 수 있지만 두 번째부터는 지지 않는다는 무언의 각오를 하는 듯했다. 나는 고개를 갸웃했다. 과연 그럴 수 있을까.

다음 날 두 번째 대국이 이어졌다. 나는 첫 대국은 예상할 수 없었으나 두 번째는 대략 예상할 수 있었다. 이런 스케줄은 불공평하다는 것이 내 생각이다. 기계는 아무 감정이 없다. 휴식도 필요 없고 잠을 잘 필요도 없다. 하지만 사람은 다르다. 이세돌은 예상치 못한 실패 때문에 받은 충격을 삭일 시간이 필요하다. 육신의 피로도 풀어야 한다. 잠인들 깊이 잘 수 있었을까. 그래서 이세돌이 패할 요인은 오히려 첫 대국에서 보다 훨씬 크리라 짐작됐다. 안타깝게도 내 생각이 맞고야 말았다.

바둑 채널을 보고 있는 남편 곁에 앉아 종종 본 이세돌은 어린 나이에도 불구하고 자신의 감정을 얼굴에 드러내는 일이 거의 없었다. 그런데 이번엔 달랐다. 얼굴이 자주 붉으락푸르락, 당황하는 기색이 역력했다. 한 개인의 일이 아니라 모든 인류를 대표한다는 것이 얼마나 무거운 짐이면 저럴까 하는 생각으로 마음이 안타까웠다.

하루의 휴식을 취한 후 세 번째 대국이 펼쳐졌다.

잠깐, '알파고'의 뜻을 확실히 알고 이야기를 진행해 나가야겠다. 인터넷도 뒤지고 사전도 찾아보았다. Alpha - 헬라어 알파

벳의 첫 번째 글자다. 그러면 '고'는 무슨 뜻일까. 한자로 바둑을 기(碁, 또는 棋)라고 쓰는데 이것을 일본어로는 고(ご)라고 발음한다. 바둑이 일본 사람에 의해 서양에 전파되었으므로 일본식 발음을 영어로 써서 고(go)라고 한다. 그래서 개발자들은 인간 두뇌와 겨루는 첫 인공지능 바둑프로그램의 이름을 '알파고(AlphaGo)'라고 명명한 것이라 했다.

세 번째 대국 역시 알파고의 승리다. 모든 인류는 기분이 씁쓸했다. 기계가 사람을 이기는 세상이 오는 것인가. 기계는 어디까지 발전할 것인가. 공상과학영화에서 보았던 것처럼 인간이 만든 기계에 의해 인류가 멸망당하는 날이 정말 올 것인가. 인공지능 연구자들 쪽에서 보면 인간의 승리로 보아야 하는 것일텐데 경쟁 대상이 그것을 만든 인간이라는 점에서 모든 사람의 마음은 불편할 수밖에 없다.

하지만 정작 내가 걱정했던 것은 다른 데 있다. 이 일로 세계 최고의 바둑 기사 젊은 이세돌이 돌이킬 수 없는 절망에 빠지면 어쩌나, 비슷한 또래의 아들을 둔 나는 그것이 무척 염려되었다. 그러나 이세돌은 침착했다. "이것은 이세돌의 패배이지 인간의 패배는 아닙니다." 나는 아들 같은 이세돌에게 감동받았고 그 침착함에 놀랐고, 그리고 희망을 보았다.

네 번째 대국이 시작되었다. "제발 완패만 말아다오. 단 한 번만이라도 이겨다오. 한 번이라도 이기면 다섯 번 다 이긴 것과 조금도 다르지 않다." 모든 사람의 염원이 나와 다르지 않았으리라. 감정 없는 기계와 맞서 홀로 외로운 싸움을 하는 이세돌을 곁에서 응원해주고 싶었다. 하지만 나는 어떤 모임에 참석해야 해서 긴 시간 중계방송을 지켜볼 상황이 아니었다. 모임에 있던 다른 사람들도 나처럼 바둑 시합에는 무심한 듯 각자의 일에 임하고 있었다.

"이세돌의 승리다!" 어느 순간 누군가가 외쳤고 모든 사람들은 박수를 치며 함성을 질렀다. 됐다. 이제 됐어. 이세돌, 정말 장하다.

집에 돌아오자마자 TV를 켰다. 이세돌의 환한 웃음, 아기처럼 순진하면서도 무거운 칼을 내려놓은 승전 장군의 홀가분한 웃음이 화면 가득 차 있다.

이제 하루 휴식 후에 마지막 다섯 번째 대국이 펼쳐질 것이다. 그러나 나는 제 5국의 결과는 그리 큰 의미가 있는 것이 아니라고 생각한다. 이세돌은 세 번의 대국을 거치며 알파고의 약점을 알아냈고 결국엔 컴퓨터 천이백 대와 싸워 이겼다. 그거면 된 것 아닌가. 그는 이기고 지는 것에 일희일비하지 않았다. 작은 바람에 찰랑대는 얕은 물이 아니라 웬만큼 세찬 바람쯤에는 끄떡없이 고요함을 유지하는 깊은 바다의 풍모를 보여주었다. 멋진 청년 이세돌 9단, 그가 우리나라 사람이라는 것이 너무도 자랑스럽다. 그리고 나는, 우리 국민 모두는 이왕이면 내일 있을 5국에서도 좋은 결과가 있기만을 마음 속 깊이 응원해줄 것이다.

(2016 양천문단)

행복하기로 하자

"카톡", 아들의 안부 문자다. 웃음 표시에 하트까지 넉넉히 딸려 보냈다. 만리타국에 있는데도 자주 소통하고 있다. 잠시 후 보이스톡 벨소리가 경쾌하게 집안에 울려 퍼진다. 기쁜 맘으로 초록색 버튼을 누르니, "할머니~, 할아버지~~." 손녀딸들의 활기찬 목소리와 함께 환한 얼굴이 화면에 가득하다. 격세지감이란 단어가 떠오른다.

인류의 긴긴 역사를 지나오면서 요즘처럼 급변하는 시기가 또 있었을까 싶다. 하도 빨리 변해가니 제법 총기聰氣 있단 소리를 듣던 나도 따라잡기 힘들고 적응하기도 벅차다.

40년 전 처음으로 남편을 따라 미국에 갔었다. 그리고 27년 전에 두 번째로 다시 갔다. 두 번 다 일 년씩 살았지만 한 번도 국제 전화를 한 적이 없다. 물론 다급한 일이 있었다면 비싼 돈을 지불하고서라도 국제전화를 쓸 수는 있었다. 하지만 우리나라 경제사정은 그저 안부를 전하려고 그렇게 큰돈을 지불할 만하지 못했었다. 그러니 부모님을 비롯한 형제, 친지, 친구들한테 때맞춰 정성껏 편지를 쓰는 것 외엔 소식을 주고받을 다른 방법이 없었다.

그때 내가 매일 기다리던 사람은 우편배달부였다. 그를 기다리는 것이 주요 일과 중 하나였다. 편지를 보내 놓고 보름쯤 지나면서부터는 푸른 셔츠에 커다란 가죽 가방을 둘러멘 배달부가 오지 않나 매일같이 목을 빼고 기다리곤 했다. 내가 보낸 편지의 답장을 받아들었을 때의 기쁨, 그리고 예상치도 않던 이의 편지를 받았을 때의 반가움은 대단했다. 마치 가뭄 끝에 내리는 단비 같았다. 멀리 헤어져 지내는 동안의 그리움은 낭만이었고 다시 만날 날을 손꼽아 기다리는 즐거움이 가슴 설레던 시절이었다.

그런 일이 어느 먼 역사 속 얘기가 아니다. 바로 내가 겪었던 이야기다. 그런데 몇 십 년 지나지도 않은 요즘은 어떤가. 컴퓨터와 스마트폰으로 이 지구 어느 곳에 있든지 언제든 얼굴을 보며 대화할 수 있다. 세상이 얼마나 빠르게 변했는지 실감하는 대목이다. 컴퓨터를 켜고 스카이프를 열면 대형화면으로 서로의 표정을 보며 이야기를 나눌 수 있다. 여러 사람이 동시에 참여

할 수도 있다. 국제 전화료를 지불할 필요도 없다. 이젠 컴퓨터가 없는 곳이라도 불편할 것 없다. 스마트폰만 있으면 카톡으로 문자를 주고받는 것은 물론이고 보이스톡으로 목소리를 나눌 수도 있다. 어디 그뿐인가. 페이스톡으로는 상대방을 보며 이야기를 나눌 수도 있잖은가. 추가비용을 걱정하지 않아도 된다.

앞으로 무엇이 어떻게 더 발전해 나갈는지 알 수 없다. 끝없는 발전, 그것이 인류가 바라고 추구하는 것이겠지만 솔직히 난 좀 두렵다. 지금도 따라가지 못해 쩔쩔매고 있으니 날이 갈수록 점점 심해지겠지.

얼마 전 구청에서 직원들과 구민들을 위해 상영한 영화 〈나, 다니엘 블레이크〉를 보았다. 인권을 다룬 영화로 2016년 칸영화제에서 황금종려상을 수상한 영국 영화다. 다니엘은 성실한 목수로 살다 나이가 들면서 심장병이 악화된다. 일을 할 수 없게 된 그는 복지정책의 도움을 받기 위해 관공서를 찾아다닌다. 어느 부서에서나 관리들은 원리원칙만을 고집할 뿐 개개인의 사정 따윈 고려해주지 않는다. 그가 갖춰야 할 수많은 서류 가운데 꼭 컴퓨터로 다운 받아 작성해야만 하는 것이 있었다. 다니엘은 컴퓨터를 해본 적이 없는 노인이다. 하지만 어느 곳에 문의해도 똑같은 대답만 할뿐, 다른 방법은 용납되지 않았다. 그는 만져본 적도 없는 컴퓨터를 사용하기 위해 여기저기 도움을 청하며 그야말로 사투를 벌인다.

나는 내 책상 위에 컴퓨터가 있기는 해도 내가 필요한 것만 간신히 배워서 사용할 뿐이다. 새로운 것을 시도해보려 해도 컴퓨터는 내게 그렇게 우호적이지 않다. 애쓰고 애쓰다 도저히 안 되어 결국 포기해버린 경우가 허다하다. 지금이야 곁에서 남편이 도와줄 뿐 아니라 웬만한 것은 그가 도맡아 해결해주니 그런대로 지내고 있다. 하지만 만약 그것이 불가능한 때가 오면 어쩔 것인가. 나도 영화를 보는 내내 다니엘의 입장이 되어 많이 답답하다가 '매뉴얼대로'만을 외치는 관리들의 꽉 막힌 태도에 화가 나기도 했다.

가끔은 세상이 이토록 빠른 속도로 발전해 나가는 것이 달갑지 않다. 그리고 어느새 그런 나이가 되었다는 것이 서글프다. 대략 2, 30년 전 이런 기기문명의 혜택이 전혀 없었을 때도 잘 살지 않았나. 이만하면 과하다 싶을 정도로 문명 이기利器의 혜택을 누리고 있으니 이쯤에서 더 이상 발전하지 않고 지낼 수는 없는 것일까. 물론 어리석은 생각인 줄 안다. 인류가 존재하는 한 발전을 멈출 수는 없겠지. 발전이 멈춘다면 그것은 곧 인류 종말의 날이 될 수도 있을 테니 말이다. 발전에 따른 숱한 폐해에도 불구하고 역사의 수레바퀴는 발전이라는 레일 위를 끝없이 굴러갈 것이다. 게다가 사람의 수명은 점차 늘어나 앞으로 얼마나 더 긴 세월이 내 앞에 놓여있는지도 모른다.

그러나 이대로 두려움에 눌려 주저앉을 수만은 없는 일 아닌

가. 프랭클린 루즈벨트 대통령의 부인, 엘리노어 루즈벨트는 "당신이 두려워하는 일을 날마다 한 가지씩 하라."는 충고를 했다. 그 말이 지금 내게 무척 의미심장한 말로 다가와 마음을 움직인다. 나도 이번 기회에 뒤로 물러서지 않고 오히려 더 적극적으로 맞닥뜨리며 한 가지씩 극복해 나가 봐야겠다. 그러기 위해서는 더 늦기 전에 게으름 부리지 말고, 망설이지 말고 배울 수 있는 것은 배워두기로 마음을 다잡는다. 두려움을 버려야 행복도 누릴 수 있는 법이다. 누구도 가져다주지 않는 행복이니 내 스스로 행복해지기로 하자.

"카톡." 이번엔 며느리의 안부 문자다. 하트와 웃는 얼굴이 연달아 달려있는 다정한 글이다. 이런 때는 두려움도 염려도 스르르 사라진다. 앞으로의 세상에 대한 걱정은 접자. 지금 이 순간, 이렇게 발전한 세상에 내가 살고 있다는 것, 참 행복한 일 아닌가. 주먹을 힘껏 쥐며 혼자서 외쳐본다. 카르페 디엠!

(2017. 2.)

마흔 번째 카드

신수옥 수필집

인쇄 2017년 6월 29일
발행 2017년 7월 03일

지은이 신수옥
발행인 서정환
펴낸곳 수필과비평사
주소 전북 전주시 완산구 공북 1길 16(태평동 251－30)
전화 (063) 275－4000 · 0484 · 6374
팩스 (063) 274－3131
이메일 shina2347@naver.com sina321@hanmail.net
출판등록 제465－1984－000004호
인쇄 · 제본 신아출판사

ISBN 979-11-5933-091-9 03810
값 13,000원

이 도서의 국립중앙도서관 출판예정도서목록(CIP)은 서지정보유통지원시스템 홈페이지(http://seoji.nl.go.kr)와 국가자료공동목록시스템(http://www.nl.go.kr/kolisnet)에서 이용하실 수 있습니다.(CIP제어번호: CIP2017015450)

Printed in KOREA